تکیہ کلام

(مزاحیہ مضامین)

شفیق الرحمٰن

Takya-Kalaam *(Humorous Essays)*
by: Shafiq ur Rahman
Edition: July '2025
Publisher :
Taemeer Publications LLC (Michigan, USA / Hyderabad, India)

ISBN 978-93-6908-258-2
9 789369 082582

کتاب	:	**تکیہ کلام** (مزاحیہ مضامین)
مصنف	:	**شفیق الرحمٰن**
صنف	:	طنز و مزاح
ناشر	:	تعمیر پبلی کیشنز (حیدرآباد، انڈیا)
سالِ اشاعت	:	۲۰۲۵ء
صفحات	:	۱۳۰
سرورق ڈیزائن	:	تعمیر ویب ڈیزائن

فہرست

ترُپ چال

"ترُپ چال!" شیطان بولے۔

بڈی (BUDDY) اور میں ایک دوسرے کی طرف دیکھنے لگے۔ بڈی نے آنکھ ماری، اور پوچھا ــــــ "روفی کیا بجا ہے؟"

"چار بجے ہیں، پتے ڈالو"، وہ بولے۔

"کیسی اچھی گائے جا رہی ہے سڑک پر ــــــ!" میں نے کھڑکی کی طرف اشارہ کرتے ہوئے کہا۔

"ابھی دیکھتا ہوں، تم پتے ڈالتے جاؤ۔"

"ارے رُوفی! یہ کون ہے صوفے کے پیچھے؟" بڈی گھبرا کر چلّایا۔

شیطان نے پیچھے مڑ کر دیکھا اور ہم دونوں نے فوراً پتے ملا لیے۔

"لعنت ہے! تم کھیلتے ہو یا روتے ہو"۔ شیطان نے پتے پٹخ دیے اور تاؤ کھا کر بولے: "اچھا اس بے ایمانی کی سزا یہ ہے کہ نکالو روپے!"

"یار یہ تو بُرا ہو گیا۔"

"نہیں خواتین، برج کی ایک قسم ہے" : شیطان نے کہا۔

میری جیب میں گنتی کے روپے تھے۔ اُدھر بڈی بھی غالباً مفلس تھا۔ ہم دونوں نے بڑے عجز سے کہا —— "انتعار ہے"۔

مختصر سی بحث کے بعد شیطان بیزار ہو کر اٹھے اور چائے کے سلسلے میں ضروری احکامات صادر کرنے چلے گئے۔

شیطان، بڈی اور میں تاش کھیل رہے تھے۔ یہ کھیل ہمارا ایجاد کردہ تھا —— کٹ تھروٹ اور پیس کوٹ کو جمع کر کے دو پر تقسیم کر دیا تھا۔ اکثر شرطیں لگتی تھیں اور اکثر میں اور بڈی ہارتے تھے۔

بڈی ایک موٹا تازہ ہنس مکھ امریکن تھا جو اتفاق سے ہمیں سینما میں مل گیا اور بہت جلد گہرا دوست بن گیا۔ وہ کئی سال سے ہندوستان میں تھا۔ ہندوستانی کھانوں پر عاشق تھا۔ کبھی کبھی ہم اسے آڑی ٹوپی، شیروانی اور چوڑی دار پاجامہ پہنا کر مشاعروں میں لے جایا کرتے۔

بڈی ہر دوسرے تیسرے روز ملنے آتا۔ آتے ہی فوراً چار سوال پوچھتا۔ یہ سوال اس قدر باقاعدہ اور مستقل تھے کہ کبھی ان میں ایک حرف کی تبدیلی نہیں ہوئی تھی۔

پہلا سوال —— "آج کیا پکا ہے؟"

دوسرا سوال —— "کوئی تازہ خبر؟"

تیسرا سوال —— "شہر کی بہترین پکچر کون سی ہے؟"

چوتھا سوال ——— "میں پہلے سے کچھ موٹا تو نہیں ہو گیا؟"
اس کے بعد کم از کم ایک اور زیادہ سے زیادہ کئی دلچسپ واقعات سناتا۔
ہم چائے پینے لگے۔ بڈی بولا "ایک دفعہ ایک سپاہی کا کورٹ مارشل ہو گیا۔
اس نے گھر خط لکھتے وقت غالباً اس کا ذکر کر دیا۔ گھر سے خط آیا تو لکھا تھا۔
"برخوردار! خوش رہو۔ کورٹ مارشل کے متعلق پڑھا۔ دل کو از حد خوشی حاصل ہوئی۔ خدا کا لاکھ لاکھ شکر ہے جس نے یہ دن دکھایا۔ اب ہماری یہ دعا ہے کہ تم بہت جلد فیلڈ مارشل بن جاؤ ———"
پھر ایک سارجنٹ نئے رنگروٹوں کو پریڈ کرا رہا تھا۔ اس نے سب کو ایک قطار میں کھڑے ہونے کے لیے کہا۔ قطار سیدھی نہ بنی۔ وہ بگڑ گیا اور چلا کر بولا۔
"نالائقو! اسے قطار کہتے ہو؟ سب کے سب جلدی سے یہاں دوڑ کر آؤ اور دیکھو کہ کیسی ٹیڑھی اور ترچھی قطار ہے" خیر نئی قطار بنی۔ سارجنٹ نے کہا اپنے دائیں پاؤں ہوا میں اٹھاؤ۔ سب نے اپنا اپنا دایاں پاؤں اٹھا دیا۔ ایک رنگروٹ نے غلطی سے بایاں پاؤں اٹھا دیا اور قطار میں ایک جگہ دایاں اور بایاں پاؤں اکٹھے ہو گئے۔ سارجنٹ زور سے چیخا۔ "یہ کون گدھا ہے جو دونوں پاؤں ہوا میں اٹھائے کھڑا ہے؟"
"ایک اور ——" شیطان نے فرمائش کی۔
"ہمارے ہاں ایک بہت ہی مشہور شخص گزرا ہے۔" بڈی بولا "اس قدر مشہور کہ میں

اس کا نام شمول ایا ہوں۔ وہ بیحد مسخرا تھا۔ نوے برس کی عمر میں بھی وہ بچوں کی طرح اچھلتا کودتا پھرتا۔ ایک مرتبہ پارٹی میں اس نے نہایت حسین لڑکی دیکھی جسے سب بے تحاشا گھور رہے تھے۔ وہ کچھ دیر ٹکٹکی باندھے دیکھتا رہا، پھر ٹھنڈا سانس بھر کر بولا۔ "کاش کہ آج میں نوے کی بجائے ستر برس کا ہوتا۔"

اب بڈی نے شیطان سے ان کے جدید رومان کے متعلق دریافت کیا۔

"آج کا دن کیسا رہا؟ گئے تھے ان کے ہاں؟"

"ہاں گیا تو تھا لیکن کیا بتاؤں، کولہو کے بیل کی طرح ہوں، یعنی ترقی صفر ہے۔ ادھر اس لڑکی کا خیال مجھ پر تسمہ پیر کی طرح سوار ہے۔ اور اس لڑکی کو دیکھ کر مجھے وہ غیر فانی اور مشہور و معروف تصویر یاد آ جاتی ہے جو غالباً میں نے کہیں دیکھی تھی۔ بس یہ سمجھ لو کہ مجھے ان دنوں محبت سے محبت ہوتی جا رہی ہے اور نفرت سے سخت نفرت ہو گئی ہے۔"

"لیکن پچھلے ہفتے تو تم بالکل بھلے چنگے تھے۔" میں نے کہا۔

"ہاں میں صرف اس منگل سے عاشق ہوا ہوں۔ اور بری طرح عاشق ہوا ہوں۔ خدا ایسا وقت کسی دوست کو بھی نہ دکھائے۔ مصیبت یہ ہے میری مالی حالت نہایت مخدوش ہے یہاں تک کہ اگر میں لڑکی ہوتا تو اپنے آپ کو کبھی پسند نہ کرتا۔"

"اگر ہم لڑکی ہوتے تو تمہیں پسند کر ہی لیتے۔"

"خوش رہو بڈی، بس تمہاری یہی باتیں تو ہمیں پسند ہیں۔ اچھا اب لگے ہاتھوں

یہ بھی بتا دو کہ شادی اور بچوں کے متعلق تمہارے کیا خیالات ہیں؟"

"شادی کے متعلق تو میں ایک لفظ نہیں کہوں گا، رہ گئے بچے — سو مجھے پرندوں، بچوں اور جانوروں سے سخت نفرت ہے۔"

"کیا سب جانوروں سے یا کسی خاص جانور سے؟"

"سب سے!"

"تو گائے بھینسوں سے بھی نفرت ہے؟"

"یقیناً!"

"لیکن دودھ کا تو تمہیں بیحد شوق ہے۔"

"لیکن میں تو ٹین کا دودھ استعمال کرتا ہوں۔"

"ٹین کا دودھ بھی تو گائے بھینسوں ہی کا ہوتا ہے، ابھی تک مشینوں نے دودھ دینا شروع نہیں کیا؟"

"واقعی؟" بڈی نے حیران ہو کر پوچھا۔

"کمال کرتے ہو، ڈبے کے اوپر گائے کی تصویر جو ہوتی ہے۔"

"تصویروں کا کیا ہے؟" بڈی نے اپنی جیب سے کیمل سگریٹ کا پیکٹ نکال کر کہا "یہ دیکھئے اس پیکٹ میں اونٹ استعمال نہیں کیا گیا۔ اور نہ ہی ان سگرٹوں کا اونٹ سے کوئی تعلق ہے۔"

"چھوڑو کیا قصہ لے بیٹھے۔ یہ بتاؤ روفی، کیا واقعی معاملہ اس قدر بڑھ گیا ہے

کہ نوبت شادی تک آ پہنچی ؟" میں نے پوچھا۔

"ہاں!" شیطان بولے۔" لیکن وہ لوگ مجھے ذرا خاطر میں نہیں لاتے۔"

" تو تم ایم اے پاس کیوں نہیں کر لیتے۔" بڈی بولا۔

" اب کرنا ہی پڑے گا۔ لیکن اس وقت ایم۔ اے ہونا ضروری نہیں ہے بلکہ سروس کا ملنا ضروری ہے۔ مجھے عرصے سے محکمۂ جنگلات پسند ہے، میرے خیال میں وہاں کوشش کی جائے۔"

" کیا تنخواہ ہوگی؟"

" پانچ سو روپے۔ روٹی کپڑا۔" شیطان بولے۔

" لیکن تم درخواست پر لکھو گے کیا؟ کوئی خاص سند تو ہے نہیں، نہ کوئی تجربہ ہے۔"

" یہ لکھیں گے کہ جنگلات سے محبت ہے۔ درختوں کو پہچان سکتا ہوں، درختوں پر چڑھ سکتا ہوں، انھیں اکھاڑ سکتا ہوں کاٹ سکتا ہوں اور جنگلات میں کافی پھرا ہوں۔ کیا یہ کافی نہیں؟"

" کیا واقعی تم سنجیدہ ہو؟" میں نے پوچھا۔

" تو اور کیا مذاق کر رہا ہوں۔ افسوس ہے!"

" لیکن طبی معائنہ بھی تو ہوگا۔"

" ہوتا رہے۔"

" میرا مطلب ہے تمہاری بینائی ذرا ــــــ!" میں نے اُن کے موٹے شیشوں والی

عینک کی طرف اشارہ کیا۔

"تو آنکھوں کا معائنہ کرا لیتے ہیں۔ کل سہی"۔ شیطان بولے۔

فیصلہ یہ ہوا کہ کل معائنہ ہو، اور اس کے بعد محکمۂ جنگلات میں درخواست بھیجی جائے۔

میں علی الصبح ساڑھے دس بجے اٹھا اور شیطان کو کچی نیند سے جگایا۔ طے ہوا کہ ڈاکٹر شاید صاحب کو فون کر کے معائنے کا وقت پوچھا جائے۔ فون کیا آواز آئی۔ "زور سے بولیے۔"

شیطان زور سے بولے۔ آواز آئی ——— "اور زور سے بولیے۔" یہ اور زور سے بولے۔

پھر آواز آئی ——— "اور بھی زور سے بولیے۔" شیطان چلا کر بولے ——— "قبلہ اگر اس سے بھی زیادہ زور سے بول سکتا تو پھر ٹیلیفون کی کیا ضرورت تھی۔"

اب اس طرف سے ایک کھسر پھسر قسم کی تقریر سنائی دی۔ شیطان تنگ آکر بولے۔ "صاحب! جب تک آپ خاموش رہتے ہیں مجھے سب کچھ صاف صاف سنائی دیتا ہے لیکن جب آپ بولنا شروع کرتے ہیں تو کچھ پتہ نہیں چلتا۔"

اتنے میں پتہ چلا کہ ٹیلیفون غلط نمبر پر کیا ہے اور دوسری طرف سے ڈاکٹر اقبال ازمسیح بول رہے ہیں (ان کا طریقہ علاج قدیم یونانی اور رومن طب کے مطابق تھا) وہ

ہمارے واقف تھے۔ غالباً ڈانٹ رہے تھے۔ شیطان نے جلدی سے کہا: "میں کچھ علیل سا ہوں۔" انھوں نے علامتیں پوچھیں۔ شیطان کو جتنی علامتیں یاد تھیں سب بتا دیں۔ اُدھر سے آواز آئی ـــ "تم غذا کا خاص خیال رکھو۔ ہفتے تک ایسی ہلکی غذا کھاؤ جو ایک برس کا بچہ بھی بخوبی ہضم کر سکتا ہو۔"

اس کے بعد ڈاکٹر شاید صاحب کو فون کیا گیا۔ جواب ملا خود آکر پہلے وقت لیجئے، پھر معائنہ ہوگا۔

اگلے روز ان کی کوٹھی کا رخ کیا۔ راستے میں ڈاکٹر قبل از مسیح مل گئے، شیطان کا حال پوچھنے لگے۔ یہ بولے اب بہتر ہوں۔

"میں نے تمہیں ایک برس کے بچے کی غذا کھانے کو کہا تھا۔ تم نے کھائی؟"

"جی ہاں کھائی!"

"کیا کھایا تھا؟"

"تھوڑی سی مٹی، ایک بٹن، نارنگی کا چھلکا، سگریٹوں کے کچھ ٹکڑے، ایک شیشے کی گولی ـــ" اور ڈاکٹر صاحب زاروقطار ہنسنے لگے۔

ڈاکٹر شاید کے ہاں پہنچے معلوم ہوا کہ آج وہ کسی سے نہیں ملیں گے۔ تھوڑی دیر کے بعد پھر پہنچے۔ یہی جواب ملا۔ ہم نے بھی بار بار حملے کیے، آخر انھوں نے ہتھیار ڈال دیئے اور ہمیں اندر بلا لیا۔

شیطان نے آگے بڑھ کر سلام کیا۔ وہ بولے "تمھیں معلوم ہے کہ آج میں

سات ملاقاتیوں کو بغیر ملے واپس بھیج چکا ہوں "۔

"جی ہاں معلوم ہے! وہ ساتوں ملاقاتی میں ہی تو ہوں، میں سات مرتبہ آیا تھا" شیطان بولے۔

اس کے بعد معائنہ شروع ہوا۔ شیطان کی عینک اتار لی گئی اور وہ بہ مشکل سہارا لے کر کھڑے ہوئے ورنہ شاید گر ہی پڑتے۔

"سامنے دیکھیے —— اور آخری حرف پڑھیے"۔ ڈاکٹر صاحب نے کہا۔

"کون سا حرف؟" شیطان متعجب ہو کر بولے۔

"آخری سطر کا آخری حرف۔"

"کونسی سطر؟"

"اُس تختے کی آخری سطر۔"

"کون سا تختہ؟"

"سامنے کی دیوار پر ٹنگا ہوا تختہ۔"

"کون سی دیوار؟" شیطان نے حیران ہو کر پوچھا۔

اور معائنہ ختم ہو گیا۔ ڈاکٹر صاحب نے لکھ دیا کہ شیطان کی بینائی اس قدر کمزور ہے کہ اسے ہرگز بینائی نہیں کہا جا سکتا۔

شام کو بڈی آیا۔ آتے ہی اس نے پوچھا "کیا پکا ہے؟" بتایا شامی کباب اور میٹھے ٹکڑے۔"

بڈی کی رال ٹپکنے لگی، بولا "کوئی تازہ خبر؟"

اسے شیطان کے طبی معائنے کے متعلق بتایا۔

تیسرے سوال کا یہ جواب دیا گیا ــــ "لوناٹی گھوڑا" عرف "بدنصیب بلی" شہر کی بہترین پکچر ہے۔ اب آخری سوال تھا۔ موٹاپے کے متعلق۔ سو اسے یقین دلایا گیا وہ ہرگز زیادہ موٹا نہیں ہوا۔ جتنا موٹا تھا اتنا ہی ہے۔

اس کے بعد چائے کا دور شروع ہوا۔

"آج بسکٹ کچھ سخت ہیں"۔ میں نے ایک بسکٹ چباتے ہوئے کہا۔

"واقعی" شیطان بولے ــــ "یہ بسکٹ اتنا سخت ہے کہ اگر بڈی کے سر پہ مارا جائے تو بسکٹ ٹوٹ جائے۔"

"میرا بھی یہی خیال ہے"۔ بڈی بولا۔

"اور آج کا دلچسپ واقعہ ـــــ؟"

"کوئی خاص نیا واقعہ تو نہیں۔ البتہ پچھلے سال جب میں کلکتے میں تھا تو میرے پڑوس میں چار گدھے بندھتے تھے جو عین چار بجے بولتے تھے اور اس قدر باقاعدگی سے بولتے تھے کہ ان کی آواز پر میں اپنی گھڑی درست کیا کرتا ـــــ"

"تو آج کل تو وہاں صرف تین گدھے رہ گئے ہوں گے"۔ شیطان بولے۔

بڈی کچھ شرما گیا ــ "آسام میں بارش بہت ہوتی ہے جب میں وہاں تھا تو

چرا پونجی کے پاس مجھے ایک شخص ملا۔ میں نے باتوں باتوں میں پوچھا کہ یہاں سال میں کتنے انچ بارش ہوتی ہے؟ وہ بولا "صاحب یہ تو پتہ نہیں۔ میں چالیس برس کا ہوں، جب سے ہوش سنبھالا ہے یہاں بارش ہو رہی ہے۔"

"دارجیلنگ بھی گئے تھے تم؟" میں نے پوچھا۔

"بھلا وہاں کا طلوعِ آفتاب میں کیونکر بھول سکتا ہوں" بڈی بولا۔

"میرے خیال میں دنیا کا بہترین طلوعِ آفتاب سندھ کا غروبِ آفتاب ہے" شیطان نے کہا۔

"تم نے دارجیلنگ کا طلوع آفتاب دیکھا؟" بڈی نے پوچھا۔

"میں نے آجتک کوئی طلوعِ آفتاب نہیں دیکھا" شیطان بولے "مصیبت یہ ہے کہ طلوع آفتاب دیکھنے کے لیے ایسے وقت اٹھنا پڑتا ہے جب سورج نکل رہا ہو۔ ایسے وقت اٹھنے کا کبھی اتفاق نہیں ہوا۔ میں نے نصف النہارِ آفتاب اکثر دیکھا ہے یا پھر غروبِ آفتاب"

"لوگ کہتے ہیں کہ دارجیلنگ کافی سرد مقام ہے لیکن میں تو صرف ایک قمیض پہنے وہاں پھرتا رہا" بڈی نے فخر سے کہا۔

"تمہارا کیا ہے؟ تم نے چربی کا اوورکوٹ جو پہن رکھا ہے" شیطان بولے۔

"میں ایک پوستین بلوچستان سے لایا تھا جس کے خوب لمبے لمبے بھورے بال ہیں۔ جی چاہتا ہے اسے پہنا کروں" بڈی نے کہا۔

"خدا کے لیے وہ پوستین کہیں تم نہ پہن بیٹھنا۔ شہر بھر کے کتے پیچھے لگ جائیں گے۔"

بڈی کو شیطان کے عشق کی بیچارگی پر افسوس آ رہا تھا۔ یہ خیال ہمیں اداس کیے دیتا تھا کہ اگر بہت جلد کوئی انتظام نہ کیا گیا تو محبوبۂ شیطان کو کوئی اور لے جائے گا۔

آخر بڈی بولا "یہ سروس وغیرہ سب فضول باتیں ہیں کم از کم ہمارے ملک میں تو لوگ ملازمت کی ذرا بھر پرواہ نہیں کرتے۔ متعلقہ انسان کو دیکھتے ہیں تم کسی طرح اس کنبے میں ہر دلعزیز ہو جاؤ۔ ان پر اس طرح چھا جاؤ کہ وہ تمہارے نام کی مالا جپنے لگیں۔ اپنی محبت صرف لڑکی پر ظاہر کرو، ہر ایک سے مت کہتے پھرو، سوائے ہم دونوں کے۔ یہ مت کرو کہ کاگوں ہاتھ سند لیے اور چڑیوں ہاتھ سلام۔ (یہ محاورہ ان محاوروں میں سے تھا جو ہم نے بڈی کو یاد کرائے تھے۔ بڈی نے آج پہلی مرتبہ ایک محاورہ صحیح مقام پر استعمال کیا تھا) ورزش کیا کرو۔ ہلکی غذا کھاؤ، علی الصبح اٹھا کرو۔ وٹامنز پھلوں اور سبزیوں کا استعمال جاری رکھو۔ اور یقین کر لو کہ تم ضرور کامیاب ہو جاؤ گے۔"

بڈی کا یہ نسخہ واقعی تیر بہدف اور آزمودہ قسم کا معلوم ہوتا تھا۔ فیصلہ یہ ہوا کہ اسے ضرور آزمایا جائے گا۔

اگلے روز سے شیطان نے بڑے زور شور سے ان کے ہاں جانا شروع کر دیا۔ بڈی نے مشورہ دیا کہ اگر کوئی رقیب میدان میں ہو تو اسے پٹوا دیا جائے پیٹنے کے لئے کئی حضرات منتظر تھے۔ ان کی خدمات ہمارے لیے وقف تھیں۔ ایک تو ہمارے پلے ہوئے دوست رستم علی ریچھ تھے اور دوسرے لومڑی چند جڑاؤ۔ ان کا نام کچھ اور تھا لیکن وہ لومڑی سے ملتے جلتے تھے اور جڑاؤ اس لیے کہ انھوں نے اپنے چہرے پر بیشمار کیل، مہاسے، اور نہ جانے کیا کیا الا بلا کاشت کر رکھی تھی۔

مصیبت یہ تھی کہ کوئی رقیب بھی پیدا نہیں ہوا تھا۔ اور ان لوگوں کا یہ ارادہ تھا کہ کسی مناسب لڑکے کی تلاش میں عمر گذار دیں گے لیکن شیطان کو داماد نہ بنائیں گے۔

بڈی کا اصرار تھا کہ پہلے لڑکی کے ابا کو مسخر کیا جائے۔ خواہ کسی عمل یا چلے سے خواہ بات چیت سے۔ اسی سلسلے میں شیطان ہر روز ان کے گھر میں نازل ہوتے اور ان بزرگ کو ورغلاتے۔

ایک شام کو ہم دونوں وہاں پہنچے، بزرگ بولے "لڑکو! اگرچہ چائے کا وقت تو نہیں رہا۔ لیکن اگر کہو تو منگوادوں؟"

"جی ہاں ضرور!" شیطان بولے۔ میں نے میز کے نیچے سے ایک ٹھوکا دیا۔

"یہ تم کیوں مجھے مار رہے ہو؟" شیطان نے زور سے کہا۔

چائے پر باتیں شروع ہوئیں۔ بزرگ ریلوے بجٹ کا ذکر کر رہے تھے۔ خدا جانے انھوں نے کیا کیا کہا۔ کیونکہ مجھے ریلوے سے تھوڑی بہت دلچسپی ضرور ہے لیکن بجٹ سے ذرا دلچسپی نہیں۔ میں نے کچھ نہ سنا۔ شیطان بڑھ بڑھ کر بول رہے تھے۔ آخر بزرگ نے اخبار دیکھ کر کہا کہ اس سال بجٹ اتنے کروڑ، اتنے لاکھ، اتنے ہزار، چار سو ننانوے روپے پانچ آنے نو پائی آیا ہے — "اس کے متعلق تمہارے کیا خیالات ہیں برخوردار؟"

شیطان کچھ دیر سوچ کر بولے — "میرے خیال میں بجٹ میں دس آنے تین پائی جمع کر دینے چاہئیں تاکہ آنے پائیوں سے نجات ملے اور ہندسے مکمل ہو جائیں۔"

بجٹ کے متعلق گفتگو وہیں ختم ہو گئی۔ ورزش کا ذکر چھڑا، بزرگ بولے۔ اس عمر میں میں بھاگ دوڑ تو نہیں سکتا، البتہ سائیکل چلا لیتا ہوں۔ اس سے اچھی خاصی ورزش ہو جاتی ہے۔"

"موٹر میں بیٹھنے سے بھی کافی ورزش ہوتی ہے۔" شیطان نے کہا۔ "اور ریل کی سواری سے تو خوب ورزش ہو جاتی ہے۔"

بزرگ خاموش ہو گئے۔ تھوڑی دیر تک کوئی نہ بولا۔ آخر تنگ آ کر میں نے شیطان سے پوچھا۔ "کیا سوچ رہے ہو؟"

وہ بولے ـــ "یہ کتنی عجیب بات ہے کہ ہم اس حقیقت کو بالکل بھول چکے ہیں کہ ہم ایک ستارے پر آباد ہیں۔"

اس مرتبہ بزرگ نے ایسا بُرا منہ بنایا کہ میں نے سوچا اب یہ چھینک ماریں گے۔

ریڈیو پر مقامی سٹیشن سے کوئی گانا نشر ہو رہا تھا۔ بزرگ کہنے لگے۔ "بالکل فضول گانا ہو رہا ہے، نہ جانے ایسے گویوں کو گانے کی اجازت کون دیتا ہے۔"

شیطان فوراً اٹھے ـــ "ابھی بند کرواتا ہوں۔" میں بھی اٹھا۔ ساتھ کے کمرے میں گئے۔ ریڈیو سٹیشن کو فون کیا ـــ "اس وقت کون گا رہا ہے؟"

"اس وقت جناب مست مولا صاحب تابڑ توڑ بھیم سین بھنگ کا خیال دھوم دھام دھرپد میں الاپ رہے ہیں۔" کچھ اس قسم کا ادھر سے جواب آیا۔

"تو ان سے کہہ دیجیے کہ فوراً چپ ہو جائیں۔" شیطان نے کہا۔

"ہم آئندہ پروگرام دیتے وقت اس بات کا خیال رکھیں گے کہ آپ اُن کا گانا پسند نہیں کرتے۔ لیکن اس وقت کچھ نہیں کر سکتے۔"

"یقین جانیے، ہمیں بیحد ناگوار محسوس ہو رہا ہے۔"

"آپ کچھ دیر کے لیے ریڈیو بند کر لیجیے۔"

"اور آپ اپنے مست قلندر کو چپ نہیں کرائیں گے؟ اچھا اگر یہ بات ہے تو تیار ہو جائیے میں ابھی آکر خبر لیتا ہوں۔" یہ کہہ کر ٹیلیفون بند کر دیا۔

جب ہم واپس آ رہے تھے تو میں نے اپنی حقیر رائے کا اظہار کیا کہ بزرگوں

کے سامنے شیطان کو قدرے انسانیت سے کام لینا چاہیئے لیکن شیطان کا خیال تھا کہ چونکہ میرا تجربہ ابھی محدود ہے اس لیے خیالات بھی محدود ہیں۔

واپس کمرے میں پہنچے تو دیکھا کہ لاتعداد مچھر اور انواع اقسام کے بھنگے اور پتنگے بلب کے گرد جمع ہیں۔

شیطان بولے۔" میں اُن خوش قسمت لوگوں میں سے ہوں جن پر مچھر، بھڑیں، تیتے، مکھیاں وغیرہ بُری طرح فریفتہ ہیں اور جہاں وہ جاتے ہیں یہ چیزیں اگر کئی میل کے فاصلے پر بھی ہوں فوراً استقبال کے لیے آتی ہیں۔"

مچھروں نے ہمیں عاجز کر دیا۔ تنگ آکر ہم نے روشنی بجھا دی لیکن مچھروں کی بھنبھناہٹ بدستور رہی۔ اتنے میں اتفاق سے ایک جگنو بھی اُڑتا ہوا کمرے میں آگیا۔

" دیکھی تم نے ان بے ایمان مچھروں کی شرارت "۔ شیطان بولے "۔ اب یہ مشعل لے کر مجھے ڈھونڈ رہے ہیں۔"

ہم دونوں جگنو کے پیچھے پڑ گئے۔ اس کا ارادہ باہر جانے کا قطعاً نہ تھا ہم نے زبردستی اسے باہر بھگا یا۔ مسہریوں میں بھی مچھر پہنچ چکے تھے۔ شیطان بولے۔

"مسہری استعمال کرنے کا صحیح طریقہ یہ ہے کہ پہلے مسہری خوب اچھی طرح لگالو۔ اس کے بعد ایک طرف سے کچھ حصہ اوپر اٹھا دو اور کچھ دیر اٹھائے رکھو تاکہ کمرے بھر کے مچھر مسہری میں چلے جائیں۔ اس کے بعد مسہری بند کر دو اور باہر سو جاؤ۔"

اگلے روز بڈی آیا اور آتے ہی اس نے چاروں سوال پوچھے۔ میں نے اور شیطان نے تہیہ کر لیا تھا کہ آج بڈی کی باتوں پر ہرگز نہیں ہنسیں گے۔

بڈی بولا: ”میں نیو یارک کے ایک مشہور ہوٹل میں ٹھہرا ہوا تھا۔ رات گئے کسی نے میرے کمرے کا دروازہ کھٹکھٹایا۔ کھولا تو دیکھتا کیا ہوں کہ ایک شخص نشے میں مدہوش کھڑا ہے۔ مجھے دیکھ کر بولا ”معاف کیجیے غلطی ہوئی۔“ میں دروازہ بند کر کے لیٹ گیا۔ تھوڑی دیر کے بعد پھر کسی نے دروازہ کھٹکھٹایا، جا کر دیکھتا ہوں تو وہی شخص کھڑا ہے معافی مانگ کر چلا گیا۔ تیسری بار پھر آیا، چوتھی بار، پانچویں بار، آخر میں جھلا اٹھا۔ اس دفعہ جو وہ آیا تو میں نے پوچھا ”کیوں صاحب آپ بار بار میرے ہی کمرے میں کیوں آتے ہیں؟“ اس نے بڑی معصومیت سے کہا: ”او میری سمجھ میں یہ نہیں آتا کہ ہوٹل کے ہر کمرے میں مجھے آپ ہی کیوں ملتے ہیں؟“

ہم دونوں خاموش رہے۔ بڈی نے ہمارے ہنسنے کا چند سیکنڈ انتظار کیا۔

”میں واشنگٹن کے ایک چڑیا گھر کی سیر کر رہا تھا کہ مجھے ایک شخص دکھائی دیا جو بیشمار بچوں کو ساتھ لیے پھر رہا تھا۔ گنے تو بارہ بچے تھے۔ ہم اس احاطے کے باہر ملے جس میں زیبرا بند تھا۔ وہ شخص چوکیدار کے پاس گیا اور بولا ”کیا میں اور میرے بچے سب اندر جا کر زیبرا دیکھ سکتے ہیں؟“ چوکیدار کچھ دیر بت بنا کھڑا رہا پھر بولا ”تو آپ یہیں ٹھہریے۔ میں اندر سے زیبرے کو بلا کر لاتا ہوں تاکہ وہ آپ

کو دیکھ لے۔"

اس پر شیطان بسورنے لگے اور رو دیئے۔ اب بڈی سمجھ گیا کہ ہم اس کے ساتھ زیادتی کر رہے ہیں۔ اسے منانا پڑا۔

"بڈی کیا بجا ہے؟"

"میری گھڑی آگے ہے۔"

"پھر بھی کیا بجا ہوگا؟"

"گھڑی بہت آگے ہے!"

"تین چار دن تو آگے نہیں ہوگی۔" شیطان بولے۔

کھانے کے بعد محبوبۂ شیطان کا ذکر چھڑ گیا۔

"آخر تم لڑکی سے خود کیوں نہیں ملتے؟" بڈی نے پوچھا۔

"اس لیے نہیں ملتا کہ اگر کہیں اس نے ہاں کر دی تو مصیبت آجائے گی۔ اس کے ابا لازمی طور پر انکار کریں گے اور پھر میں کچھ کر گزروں گا۔"

"لیکن تمھیں لڑکی کی ہاں پر کیا اعتراض ہے؟ سمجھ میں نہیں آتا کہ تم منتظر کس بات کے ہو۔ غالباً اس انتظار میں ہو کہ کب لڑکی کی شادی کسی اور سے ہوتی ہے اور کب تمھیں نجات ملتی ہے ــــ کیوں؟"

"اور جو لڑکی نے کہیں نہ کر دی، تو پھر اس کے ابا کی ہاں بیکار ہوگی۔ اگر دونوں نے نہ کر دی تو بڑی کوفت ہوگی۔" شیطان نے کہا۔

"تمھارا فلسفہ میری سمجھ سے بالاتر ہے۔" بڈی بولا۔ "بہرحال میں یہ مشورہ ضرور دوں گا کہ تم اس کے ابا سے ملنے رہا کرو۔"

اگلے روز ہم نے دوپہر کے وقت ان کی کوٹھی کا رُخ کیا۔ ابھی سڑک پر ہی تھے کہ اندر سے کسی بچے کے رونے کی آواز سنائی دی۔

"آہا! دوپہر کے کھانے سے پہلے ہلکی پھلکی موسیقی ہو رہی ہے۔" شیطان بولے۔

اندر گئے تو وہاں کسی مکان کا ذکر ہو رہا تھا۔ وہ لوگ مکان بدلنا چاہتے تھے۔ سہ پہر کو مکان دیکھنے کا پروگرام تھا، ہمیں بھی مدعو کیا گیا۔ وہ مکان دریا کے کنارے پر تھا۔

شیطان بولے۔ "میں نے سنا ہے کہ دریا کے کنارے پر جو مکان ہوں ان کی عمر ایک سال سے زیادہ نہیں ہوتی۔ بلکہ شاید اس سے پہلے ہی گر پڑتے ہیں۔"

"تم نے یہ کس سے سنا؟" بزرگ نے پوچھا۔

"افواہ ہے!"

"کس سے سنی؟" بزرگ سچ مچ خفا ہو گئے۔ انھیں غصہ بہت جلد آتا تھا۔

"صاحب مجھے خود اچھی طرح علم نہیں ہے۔ لیکن میرے ایک دوست کہہ رہے تھے کہ ان کا نوکر جب بازار گیا تو اس نے ایک دکاندار کو کہتے سنا کہ ایک خریدار نے کہیں سے یہ سنا کہ کچھ آدمی ایک جگہ چرس وغیرہ پی کر یہ کہہ رہے تھے ——"

اور وہ بزرگ پھوٹ پھوٹ کر ہنسنے لگے۔ بولے۔ "برخوردار تم میرے غصے

کا خیال نہ کیا کرو۔ میرا غصہ ہی کیا ہے، ابھی پارہ اوپر پہنچا نہیں کہ فوراً نیچے اتر آتا ہے۔"

"اور ابھی اچھی طرح نیچے اترا نہیں کہ پھر اوپر چلا جاتا ہے۔" شیطان بولے اور وہ بزرگ پھر خفا ہو گئے۔

مَیں نے آہستہ سے شیطان کو ٹوکا ـــــ "رُوفی، اس طرح تو تم ساری عمر لڑکی کو نہیں جیت سکتے۔"

"تمہارا تجربہ محدود ہے۔ لہٰذا خیالات بھی محدود ہیں۔" وہ بولے۔

ہم لوگ پیدل روانہ ہوئے۔ ہمارے ساتھ وہ صاحب بھی تھے جو مکان کے سلسلے میں آئے تھے۔

راستے میں ایک جگہ موٹروں کے لیے یہ نوٹس لگا ہوا تھا ـــــ

"خبردار! رفتار پندرہ میل فی گھنٹہ!!"

شیطان نے سب کی توجہ اس طرف مبذول کرائی اور بولے ـــ "ذرا تیزی سے چلیے ـــــ پندرہ میل فی گھنٹہ۔"

مکان دیکھا، یونہی سا تھا۔ شیطان سے رائے پوچھی گئی بولے ـــ "بس! مکان ہے۔" مکان والے صاحب بار بار دریا کا ذکر کرتے تھے کہ ـــــ دریا کے کنارے ہے۔ وہ دیکھیے دریا رہا ـــــ دریا بالکل سامنے ہے۔

شیطان بولے: "صاحب یہ کیا آپ گھڑی گھڑی دریا کا حوالہ دیتے ہیں۔ مکان سے

اس کا کیا تعلق؟ آپ اپنے دریا کو یہاں سے ہٹا لیں تو کیا فرق پڑ جائے گا؟"

جب ہم واپس آ رہے تھے تو مکان والے صاحب، بزرگ اور میں تینوں شیطان سے بیزار تھے۔

میں اور شیطان علی الصبح گیارہ بجے شیو کر رہے تھے کہ ایک صاحب تشریف لائے۔ اور شیطان سے پوچھا "کیا ردفی صاحب آپ ہی ہیں؟"

"ہو سکتا ہے کہ میں ردفی ہوں، ممکن ہے کہ ردفی نہیں ہوں۔ اس کا انحصار اُس کام پر ہے جس کے لیے آپ تشریف لائے ہیں۔"

اور یہ حقیقت تھی کہ پڑوسی صاحب ہر روز اپنا ملازم ہماری سائیکل مانگنے کے لیے بھیج دیتے تھے۔ معلوم ہوا کہ مقصود گھوڑے نے ہمیں بلایا ہے۔ مقصود گھوڑا ایم ایس سی میں پڑھتا تھا، وہ مُبرہ شیطان کے پڑوس میں رہتا تھا، شاید کوچۂ یار کی کوئی نئی تازی خبر سنانا چاہتا ہو۔ ہم جلدی جلدی شیو کرنے لگے۔

"لیکن اس وقت وہ شاید لطیف صاحب کے ہاں ہوں گے۔ ایک گھنٹے تک واپس لوٹیں گے۔" قاصد بولا۔

لطیف بھی سائنس پڑھتا تھا۔ قاصد کو ہم نے رخصت کیا اور خود تیار ہو گئے۔

"اس کا بیگ ضرور لے چلنا۔ مینوں سے ہمارے ہاں پڑا ہے۔" میں نے یاد

دلایا۔ بیگ لے کر روانہ ہو گئے۔

لطیف کے گھر پہنچے۔ دروازہ کھولا ہی تھا کہ ایک صاحب نے جلدی سے شیطان کے ہاتھ سے بیگ لے لیا اور ان کو ایک کمرے میں لے گئے جہاں ایک بچہ بستر میں لیٹا تھا۔ شیطان کو ڈاکٹر صاحب کہہ کر مخاطب کیا گیا۔ غالباً وہ لوگ کسی ڈاکٹر کے منتظر تھے۔ میری حیرت کی انتہا نہ رہی شیطان نے باقاعدہ بچے کا معائنہ شروع کر دیا۔ آنکھوں میں انگلیاں ڈالیں، آہا کرایا، سینہ ٹھونک بجا کر دیکھا۔ کمر میں ایک مکہ رسید کر کے پوچھا "درد ہوا؟"

کوئی آدھ گھنٹے تک شیطان معائنہ کرتے رہے۔ اس کے بعد بولے "جناب میں ڈاکٹر نہیں ہوں، ایم اے کا طالب علم ہوں اور لطیف صاحب سے ملنے آیا ہوں۔ لیکن میرے خیال میں یہ کیس 'اکیوٹ ٹانسلائیٹس' کا ہے ساتھ ہی 'برنکائیٹس' اور 'ریانائیٹس' بھی ہیں۔ تعجب نہیں کہ 'ٹریکی آئیٹس' بھی ہو۔ بہر حال گھبرانے کی کوئی بات نہیں ہے۔"

معلوم ہوا کہ لطیف رات سے غائب ہے۔ سیدھے مقصود گھوڑے کے گھر پہنچے۔ وہاں تالہ لگا ہوا تھا۔ سڑک پر انتظار کرنا پڑا۔

اوپر سے کسی نے آواز دی، دیکھا تو مقصود گھوڑا منہنا رہا تھا۔

"ابے نالائق! باہر تالا لگا کر اندر بیٹھا ہے۔"

اس نے چابی پھینکی۔ تالا کھول کر ہم اندر گئے۔ معلوم ہوا کہ اس کا امتحان قریب

ہے۔اس لیے پڑھائی میں مشغول ہے۔تبھی باہر قفل لگا کر اندر بیٹھا ہے۔

"تو ہمیں بلایا کیوں تھا؟" شیطان نے کڑک کر پوچھا۔

"ابھی صبح صبح محبوبۂ شیطان کے درشن ہوئے۔میں چھت پر بیٹھا پڑھ رہا تھا۔ ادھر شاید ان کا بھی امتحان ہے۔وہ کتابیں لیکر چھت پر آئیں۔کچھ دیر پڑھ کر واپس چلی گئیں۔امید کامل ہے کہ دوبارہ اوپر آئیں گی۔"

"آئے گی کہو،ادب و آداب کی کوئی ضرورت نہیں ہے۔"شیطان بولے۔" اور مجھے ذرا ٹھنڈا پانی پلاؤ۔میں رعب حُسن سے تھرّا رہا ہوں۔"

مقصود گھوڑا پانی لینے چلا گیا۔اور نہ جانے کہاں کھو گیا۔جب کافی دیر ہو چکی تو شیطان زور سے بولے۔"کہیں آکسیجن اور ہائیڈروجن لیکر مصفّٰی پانی تو نہیں تیار کررہے ہو؟سادہ پانی ہی لے آؤ۔"

مقصود گھوڑا یکمشت بھاگا آیا اور بولا۔" چلو چھت پر۔"

ہم چھت پر پہنچے اور باقاعدہ مورچہ بنا کر آڑ سے دیکھنے لگے۔دوسری چھت پر کئی لڑکیاں بیٹھی تھیں۔

"یہ تو کئی ہیں۔"شیطان بولے۔

"تو کیا ہوا؟ان میں محبوبۂ شیطان بھی تو ہے،پہچان لو۔"

"کونسی ہے بھئی روفی؟" میں نے پوچھا۔

"وہ ہے سبز دوپٹے والی!"شیطان بولے۔

"وہی جس نے سفید جوتے پہن رکھے ہیں؟" گھوڑے نے پوچھا۔

"ہم لڑکیوں کے جوتوں کی طرف توجہ نہیں دیا کرتے — فکرِ ہر کس بقدرِ ہمت اوست۔" شیطان نے کہا۔

اتنے میں شیطان جلدی سے بولے "ارے! سبز دوپٹے والی نہیں، وہ پیازی ساڑی والی۔"

"اچھا؟" ہم دونوں نے بغور دیکھنا شروع کیا۔

"ردی، یہ تو کچھ نہیں۔ یہ تو یونہی سی ہے۔" گھوڑا بولا۔

"تو پھر وہ ہوگی جس کی دو لٹیں ہیں۔ جو مسکرا رہی ہے۔" شیطان بولے۔

"ہوگی سے کیا مطلب تمہارا؟ لعنت ہے ایسے عاشق پر جو اپنے محبوب کو نہ پہچان سکے۔" گھوڑے نے کہا۔

"عینک کے شیشے صاف کرو۔" میں نے مشورہ دیا۔

شیشے صاف کیے گئے "بھئی وہی ہے سبز دوپٹے والی!" شیطان نے آخری فیصلہ صادر کر دیا۔

اتنے میں ملازمہ آئی اور لڑکیوں کو بلا کر لے گئی۔

طے یہ ہوا کہ لڑکی خاصی ہے۔ لیکن ایسی نہیں کہ شیطان اسقدر شور و غل مچائیں کہ دوستوں کے پروگرام خراب کر دیں۔

"تم دونوں بیحد بدمذاق معلوم ہوتے ہو۔ میں تمہارے معیار پر افسوس ظاہر کرتا

ہوں۔" شیطان بولے ۔" خیر بڈی کو دکھائیں گے وہ فیصلہ کرے گا۔"

گھوڑے نے وعدہ کیا کہ جب کبھی ایسا نادر موقع پھر آیا وہ ہمیں فوراً مطلع کریگا۔ تب ہم بڈی کو ساتھ لائیں گے۔

چلتے وقت گھوڑے نے کہا۔" روفی میں تو یہی مشورہ دوں گا کہ تم سبز دوپٹے والی کی بجائے سفید دوپٹے والی پر عاشق ہو جاؤ تو بہتر ہو گا۔ آگے تمھاری مرضی۔"

" میں عاشق ہوں یا مداری؟" شیطان ناراض ہو کر بولے۔

اس کے بعد کچھ روز بالکل خاموشی سے گزرے۔ کیونکہ شیطان کا ساہی امتحان تھا اور غالباً یہ انکی زندگی کا پہلا امتحان تھا جس کے لیے انھوں نے کچھ تیاری کی تھی۔ شیطان سہ ماہی امتحان میں پاس ہو گئے۔ یہ خبر بجلی کی طرح سارے شہر میں پھیل گئی۔ غضب ہو گیا، ستم ہو گیا، لوگوں کا تانتا بندھ گیا۔ خطوط آئے، مبارکباد کے تار آئے۔ سب دوستوں نے فیصلہ کیا کہ چونکہ مدت کے بعد یہ مبارک ساعت نصیب ہوئی ہے اس لیے اسی خوشی میں ایک جشن منعقد ہو۔ روپوں کا سوال اٹھا۔ شیطان کے بھائی جان وہیں رہتے تھے۔ شیطان بولے۔" بھائی جان سے ادھار لیے جائیں۔"

"اور جو بھائی جان نہ دیں تو؟"

" ان سے پوچھیں ہی کیوں، انھیں پتہ چلے بغیر چپ چاپ ادھار لے لیں۔"

چنانچہ جشن منعقد ہوا تقریباً سب دوست مدعو تھے۔

شیطان بڑے اصرار کے بعد ان بزرگ کو بھی لے آئے۔ میں نے بہت کہا کہ اس چنڈال چوکڑی میں انھیں ہرگز نہ بلایا جائے لیکن وہ نہ مانے۔ بدقسمتی سے وہ بزرگ اپنے ہمراہ دو اور بزرگ لے آئے۔ ان میں سے ایک تو کافی بوڑھے تھے اور دوسرے اتنے بوڑھے نہیں تھے۔ ان دونوں کے سامنے شیطان والے بزرگ اپنی عمر سے کہیں کم بوڑھے نظر آرہے تھے۔

شیطان ایک چوڑے گلاس میں شربت لائے۔ بزرگ نے انکار کر دیا۔ شیطان فوراً اندر گئے اور اسی شربت کو ایک لمبوترے سے گلاس میں انڈیل کر دوبارہ لے آئے۔ بزرگ نے شکریے کے ساتھ گلاس لے لیا اور غٹ غٹ پی گئے۔

پروگرام شروع ہوا۔ دو حضرات شطرنج لیکر بیٹھ گئے اور چال سوچنے لگے۔ دیر تک انھوں نے نہ مہروں سے اپنی نظریں ہٹائیں اور نہ کوئی چال چلی۔ بس سر کھجاتے رہے۔ ان کے سامنے ڈھول بجائے گئے، طبلے کھڑکائے گئے، شور مچایا گیا، اُن کا نام لے لیکر پکارا گیا لیکن کیا مجال جو اُن کی توجہ شطرنج سے ذرا ہٹی ہو۔ آخر انھیں کھینچ کھینچ کر ایک طرف کیا گیا اور خوب تالیاں بجیں۔

اب گپوں کا مقابلہ شروع ہوا۔ قواعد و ضوابط کی رو سے ہر گپ اس فقرے سے شروع ہوتی تھی۔ "حضرات! حقیقت افسانے سے کہیں دلکش ہوتی ہے۔" اور اس فقرے پر ختم ہوتی تھی — "یقین جانیے! یہ میرا چشم دید واقعہ ہے۔"

ایک سے ایک بڑھ کر گپ ہانکی گئی۔ ججوں نے فیصلہ کیا اور بہترین گپیں یہ قرار دی گئیں :-

رستم علی ریچھ :- "ایک روز میں سمندر کے کنارے وہیل مچھلیاں پکڑ رہا تھا۔ کیا دیکھتا ہوں کہ ایک شخص سمندر میں کودنے کی تیاری کر رہا ہے۔ غالباً خودکشی کے سلسلے میں۔ اتنے میں ایک راہگیر نے اسے دوڑ کر پکڑ لیا اور وجہ پوچھنے لگا۔ وہ شخص راہگیر کو ایک طرف لے گیا۔ دونوں کچھ دیر گفتگو کرتے رہے۔ اس کے بعد دونوں کنارے پر گئے اور اکٹھے سمندر میں کود گئے۔"

بُدی :- "برازیل کے کچھ حصوں میں اس قدر گرمی پڑتی ہے کہ وہاں کے باشندے کہیں اور جا کر رہتے ہیں۔"

تربوز لال تربوز :- "صحرائے اعظم کے کچھ حصوں میں اس قدر خاموشی ہے کہ وہاں آپ اپنے آپ کو سوچتے ہوئے سن سکتے ہیں۔"

مقصود گھوڑا :- "چین کے ایک مشہور حصے میں اس قدر ملیریا ہے کہ وہاں مچھروں کو بھی ملیریا ہو جاتا ہے۔ اور بیشتر مچھر ہلاک ہو جاتے ہیں۔"

شیطان :- "آجکل میں خوب بندوق چلاتا ہوں۔ میرے نشانے کا اندازہ اس سے ہو سکتا کہ کل میں نے ایک گولی چلائی اور دوسری گولی سے پہلی کے ٹکڑے اڑا دیئے۔"

لومڑی چند جبا ہُو :- "ہمارے ہاں ایک بہت پرانا کلاک ہے۔ اس کے پنڈولم کا سایہ دیوار پر دس سال سے پڑ رہا ہے۔ اور دیوار پر سائے کا نشان پڑ گیا ہے۔"

حکیم طرح دار"۔ جب میں گھوڑے پر سوار ہو کر کوہ ہمالیہ کی سیر کر رہا تھا تو شام کو میں نے برف پر ایک درخت کے نیچے اپنا بستر لگایا اور گھوڑے کو درخت سے باندھ کر سو گیا علی الصبح کیا دیکھتا ہوں کہ برف پگھل چکی ہے میں درخت کی چوٹی پر بیٹھا ہوں اور گھوڑا ٹہنیوں سے لٹک رہا ہے"!

کھانا شروع ہوا۔

"سالن میں ہلدی ذرا کم ہے"! ایک بزرگ بولے۔ کئی حضرات نے ان کی تائید بھی کی۔ کھانا ختم ہو چکنے کے بعد چھوٹی چھوٹی پڑیاں تقسیم ہوئیں۔ پوچھا "یہ کیا ہے"؟ شیطان بولے "ان میں ہلدی ہے۔ جن حضرات نے ہلدی کی کمی کو بری طرح محسوس کیا ہے وہ اب پھانک لیں"!

اب گانے کی باری آئی۔ بڈی نے پکڑ لیا کہ گاؤ۔ وہ معذرت کرنے لگا لیکن کوئی نہ مانا اور بڈی کو گانا پڑا۔

بڈی کے بعد شیطان کی باری آئی۔ وہ بولے "میں خود تو بالکل نہیں گا سکتا البتہ کسی مشہور گویّے کی نقل اتار سکتا ہوں۔ مثلاً اب میں استاد عبدالکریم خاں کی نقل اتاروں گا"۔ یہ کہہ کر شیطان نے گانا شروع کیا اور خوب گایا۔ کسی کو گمان تک نہ تھا کہ شیطان اتنا اچھا گا سکتے ہیں۔ خوب تعریف ہوئی۔ شیطان بولے "حضرات یہ تو نقل تھی، میں خود تو بالکل نہیں گا سکتا۔"

بزرگ بولے "بہت اچھا مالکوس تھا۔ تمھیں کون کون سے راگ آتے ہیں؟"

شیطان مؤدبانہ بولے "فقط دو راگ آتے ہیں۔ ایک تو وہ جو مالکوس ہے اور دوسرا وہ جو مالکوس نہیں ہوتا۔"

جشن کا اختتام قریب تھا اس لیے سب اپنی اپنی چیزیں اکٹھی کرنے لگے۔ ان بزرگ کے ہاتھ میں ٹارچ تھی اور وہ کچھ ڈھونڈ رہے تھے۔ شیطان نے پوچھا۔ وہ بولے "دیاسلائی ڈھونڈ رہا ہوں۔"

"کیا آپ اپنی ٹارچ روشن کرنا چاہتے ہیں۔ یہ لیجیے۔" یہ کہہ کر شیطان نے ماچس ان کے ہاتھ میں دے دی۔

اس کے بعد سب کھڑے ہو گئے اور شیطان نے دعا مانگی (اس قسم کا ہر جشن اسی دعا پر ختم ہوتا تھا) شیطان سر جھکا کر بولے "خدایا! ہمیں اُلو کی سی دانائی عطا فرمایا اور اونٹ کا سا صبر۔ ہمیں ایسی چشم بینا عطا فرما جس کے لیے عینک کی ضرورت نہ پڑے۔ ہمارے خیالات کی رفتار اتنی تیز ہو کہ صبا کو پیچھے چھوڑ جائے۔ ہم میں کم از کم دس ہارس پاور جتنی قوت ہو۔ ہماری روح اور دل میں ٹیلیفون کا سلسلہ قائم ہو جائے اور تو خود ہمیں بذریعہ وائرلیس نیک ہدایت دے —— آمین۔"

سب نے زور سے کہا "آمین!" (سوائے بزرگوں کے) اور جشن ختم ہوا۔

اور میں نے شیطان سے صاف صاف کہدیا کہ ان بزرگ کے سامنے ایسی ایسی حرکتیں کرنے کے بعد کینے میں تم ہر دلعزیز تو کیا دلعزیز بلکہ محض عزیز تک نہیں ہو سکتے۔

سنیچر کو ٹیم کا انتخاب ہونے لگا۔ اتوار کو ہمارا سالانہ اور اہم ترین کرکٹ میچ تھا۔ اس مرتبہ ہم باہر جا رہے تھے۔ رات بھر کا سفر تھا، سنیچر کی رات کو چل کر اتوار کی صبح وہاں پہنچنا تھا۔ شیطان نے اصرار کیا کہ اُن کو ضرور کھلایا جائے کپتان ہچکچایا کیونکہ شیطان کھلاڑی ایسے ویسے ہی ہیں۔ اُن کا زیادہ سے زیادہ سکور صفر تھا۔ ان کے محبوب سٹروک دو تھے ــــــ آف بائی اور لیگ بائی ــــ اپنی زندگی میں انھوں نے دو کیچ بھی کیے تھے۔ پہلا اس طرح کہ ایک میچ میں شیطان اور میں سلپ میں کھڑے باتیں کر رہے تھے۔ میں نے ان کی جدید ترین محبوبہ کا قدیم ترین محبوبہ سے موازنہ کیا۔ وہ ہنس کر بولے ملاؤ ہاتھ۔ انھوں نے میری طرف ہاتھ بڑھایا اور شپ سے گیند اُن کے ہاتھ میں آگئی۔ کھلاڑی آؤٹ ہو گیا۔ یہ بات اور تھی کہ نہایت ہی اچھا کھلاڑی آوٹ ہوا تھا اور نہایت ہی لاجواب کیچ شیطان نے کیا تھا۔ دوسرا یوں کہ مخالف کھلاڑی نے زور سے ہٹ لگائی اور گیند درخت میں الجھ گئی۔ شیطان لپک کر درخت پر چڑھ گئے۔ گیند پکڑ لائے اور امپائر سے اپیل کی کہ گیند زمین سے اونچی تھی کہ کیچ کر لی گئی ہے۔ بڑا جھگڑا ہوا جب نوبت ستیہ گرہ تک پہنچی تو سب نے مان لیا کہ واقعی شیطان نے کیچ کیا ہے۔ ویسے وہ درخت باؤنڈری لائن کے اندر تھا۔

میں نے بہت کوشش کی کہ انہیں بارھواں ہی رکھ لیں۔ آخر شیطان بطور سکورر SCORER پارٹی میں شامل کیے گئے۔ وہ اپنی اس بے قدری پر خفا ضرور تھے۔

شام کو ہم سٹیشن پر پہنچے۔ گاڑی رات کے بارہ بجے آتی تھی اور صبح سات بجے منزل مقصود پر جا پہنچتی تھی۔ شیطان نے آکر خبر دی کہ ایک انٹر کا ڈبہ یہاں سے اسی ٹرین میں لگایا جاتا ہے۔ وہ ڈبہ اس وقت سٹیشن کے ایک تاریک گوشے میں کھڑا ہے۔ بہتر ہوگا کہ ہم سب ابھی سے اس پر قبضہ کر لیں اور بستر بچھا کر سو جائیں۔ تجویز معقول تھی، ہم سب شیطان کے ساتھ ہو لیے۔ کپتان نے معائنہ کیا۔ اِدھر اُدھر سے سونگھا، جب اچھی طرح تسلی ہو گئی تو ہمیں اجازت دے دی۔ ہم نے بستر بچھا لیے ہلکی ہلکی سردی تھی اس لیے دروازے اور کھڑکیاں بند کر دیں۔ روشنی بجھا کر لیٹ گئے۔ شیطان کا اصرار تھا کہ فوراً سو جائیں، کل میچ ہے۔ لیکن نو دس بجے کس کو نیند آتی ہے اِدھر اُدھر کی باتیں ہونے لگیں۔ آخر شیطان نے زبردستی پکڑ پکڑ کر سب کو سُلا یا۔

رات کو میری آنکھ کھلی، بالکل اندھیرا تھا۔ اِدھر اُدھر جھانکا اور آہستہ سے بولا۔

"روفی!"۔

آواز آئی ــــ "ہاں!"

"کیا بجا ہوگا؟"

"پتہ نہیں ــــ بس تم اسی وقت سو جاؤ۔"

"گاڑی کسی سٹیشن پر کھڑی ہے شاید؟"

"شاید!" شیطان نے کہا۔

ہم نے بہت کوشش کی، لیکن نیند نہ آئی۔ اتنے میں دو چار حضرات اٹھ کھڑے ہوئے اور وقت پوچھنے لگے۔

"میں کوئی گھڑیال ہوں یا چوکیدار؟" شیطان خفا ہو کر بولے۔ "اگر اسی طرح رات بھر جاگتے رہے تو کھیلو گے خاک؟"

"لیکن روفی۔ یہ گاڑی چلتی کیوں نہیں؟ دیر سے کھڑی ہے۔"

"کسی بڑے سٹیشن پر کھڑی ہو گی یا کہیں کراس ہوگا۔" شیطان بولے۔

ایک صاحب نے کھڑکی کھولنا چاہی۔ شیطان نے فوراً ڈانٹ بتائی "خبردار جو کسی نے کھڑکی کھولی۔ مجھے ٹھنڈی ہوا لگتے ہی کھٹ سے نمونیہ ہو جاتا ہے۔ آخر تم لوگ سو کیوں نہیں جاتے۔"

سب خاموش ہو گئے۔ میری آنکھ لگ گئی لیکن تھوڑی دیر میں پھر جاگ اٹھا۔ ڈبے میں بحث ہو رہی تھی۔ سب کہہ رہے تھے کہ گاڑی کھڑی ہے لیکن شیطان یقین دلا رہے تھے کہ چل رہی ہے۔ انھوں نے سائنس کے چند اصول بتا کر ثابت کر دیا کہ جب گاڑی تیزی سے متحرک ہو تو سواریوں کو حرکت محسوس نہیں ہوتی اور یوں معلوم ہوتا ہے جیسے کھڑی ہے۔"

اتنے میں ایک گاڑی مخالف سمت میں تیزی سے گزر گئی۔ شیطان فاتحانہ انداز میں بولے "یہ دیکھا! ہماری گاڑی ایک سٹیشن سے گزری ہے۔"

غالباً سب مطمئن ہو گئے اور تھوڑی دیر میں سو گئے۔

جب میری آنکھ کھلی تو مجھے ککڑوں کوں سنائی دی۔ چند مرغے بڑی مستعدی سے اذانیں دے رہے تھے۔

"روفی!" میں نے آہستہ سے کہا۔

"ہشت!" شیطان بولے "سو جاؤ۔"

"یہ مرغے کہاں بول رہے ہیں؟"

چند حضرات اٹھ کھڑے ہوئے۔ سب یہی پوچھنے لگے کہ یہ مرغے کہاں بول رہے ہیں۔

شیطان نے جھلا کر کہا "یہ تم لوگوں کو ہو کیا گیا ہے۔ مجھے سونے کیوں نہیں دیتے؟ جہنم میں جائیں مرغے اور جنت کو سدھارو تم سب۔ اتنی سی بات نہیں سمجھ سکتے کہ ساتھ کے ڈبے میں کسی مسافر کے مرغے ہیں جو بول رہے ہیں۔ کیا مرغے ساتھ لیکر سفر کرنا جرم ہے؟"

پھر خاموشی طاری ہو گئی۔ لیکن بہت جلد ایک گوشے میں کھسر پھسر شروع ہو گئی۔ اور ایک صاحب نے دروازہ کھول دیا۔ دیکھتے کیا ہیں کہ صبح کا سہانا سماں ہے، طیور چہچہا رہے ہیں، نسیم صبح اٹھکیلیاں کرتی پھر رہی ہے، مرغ اذانیں دے رہے ہیں، اور ڈبہ وہیں کھڑا ہے جہاں رات تھا۔ ایک قلی جا رہا تھا اس سے سٹیشن کا نام پوچھا گیا۔ معلوم ہوا کہ ہم واقعی اسی سٹیشن پر ہیں جہاں سے کل رات روانہ ہوئے تھے۔

ہم سہ پہر کو چائے پی رہے تھے کہ بڈی آگیا۔ شیطان بولے "بڈی آج کیا پکا ہے؟"
بڈی نے چند کھانوں کے نام گنوا دیئے۔ شیطان نے تازہ خبر پوچھی۔ بڈی نے تازہ خبریں سُنا دیں۔ شیطان نے شہر کی بہترین پکچر کا نام پوچھا۔

بڈی بولا "مفلس عاشق" عرف "مفلس معشوق"

"اور مَیں کچھ موٹا تو نہیں ہو گیا؟" شیطان نے مسکرا کر پوچھا۔

"موٹا؟ موٹے کیا تم باقاعدہ دُبلے بھی نہیں ہو" بڈی بولا۔

بڈی کو اپنا گھر یاد آ رہا تھا۔ وہ اپنے گھر کی باتیں کرنے لگا۔ وہاں کے خوشنما نظارے، خوشگوار موسم، عزیز و اقارب۔

شیطان بولے "تم اپنے گھر کا ذکر کچھ ایسے انداز سے کرتے ہو کہ بعض دفعہ تو مجھے تمہارا گھر یاد آنے لگتا ہے۔"

ہم تاش کھیلنے لگے۔ شیطان کی فرمائش پر فیصلہ ہوا کہ آج شرط لگے گی۔
"کل مَیں نے ایک نہایت ہی دلکش خواب دیکھا" مَیں نے کہا "نہایت ہی حسین خواب، بس سننے سے تعلق رکھتا ہے آہاہاہا!" لیکن شیطان خاموش تھے۔

"سناؤں؟" مَیں نے پوچھا۔

"ہرگز نہیں!" شیطان بولے۔

"ایسا خواب ہے کہ ——"

"بالکل نہیں! قطعاً نہیں!!" شیطان نے کہا۔

"سخت خود غرض ہو رُدفی۔ بڑا افسوس ہے۔ تم نے اتنے اچھے خواب کی ہتک کر دی۔"

"بھئی اس وقت کسی قسم کا خواب سننے کو جی نہیں چاہتا۔ آج میں کچھ بیزار سا ہوں۔"

معلوم ہوا کہ شیطان نے آج محبوبۂ شیطان کو دیکھا تھا۔ ان کے گھر گئے تھے۔

"آخر ہوا کیا؟" بڈی نے پوچھا۔

"یہ پوچھو کہ کیا نہیں ہوا؟ آج میں نے ایسا نظارہ دیکھا کہ واللہ خودکشی کرنے کو جی چاہتا تھا۔ لیکن تم لوگوں کی وجہ سے زندہ رہنا پڑا۔ آج میں نے دیکھا کہ ایک روپے پیسے والے صاحب اس لڑکی کو دیکھنے آئے۔ پہلے تو ان دونوں کا تعارف کرایا گیا، پھر لڑکی کی باقاعدہ نمائش شروع ہوئی۔ چاء پر بُلائی گئی۔ اس کی دستکاری کے نمونے دکھائے گئے اور آخر میں لڑکی نے گانا گایا ——!"

"کون سا راگ تھا؟" میں نے بڑے شوق سے پوچھا۔

"مالکوس نہیں تھا۔ لیکن اس ساری نمائش میں مجھے اس کا گانا بہت بُرا لگا۔ اب میں اس لڑکی سے بالکل بیزار ہوں۔ واقعی مقصود گھوڑا سچ کہتا تھا کہ وہ اتنی حسین بھی نہیں ہے۔ اس سے تو وہ سفید دوپٹے والی ہی بہتر تھی۔ اب مجھے محبت سے سخت نفرت ہو گئی ہے اور نفرت سے محبت ہوتی جا رہی ہے۔"

"واقعی؟" ہم دونوں نے پوچھا۔

"بالکل یقیناً!"

"تمہارا عشق بھی ترپ چال کی طرح ہے۔" بڈی بولا "یک لخت شروع ہو جاتا ہے اور بالکل ذرا سی دیر رہتا ہے۔"

"اور رنگ بدلتا رہتا ہے۔" میں نے لقمہ دیا۔

"ترپ چال!" شیطان نے پتہ پھینکا۔

میں اور بڈی ایک دوسرے کا منہ دیکھنے لگے۔

"پتے ڈالتے جاؤ۔" شیطان بولے۔ "میں جانتا ہوں کہ اس وقت پانچ بجے ہیں۔ بڈی مجھے معلوم ہے کہ سڑک پر ایک نہایت ہی حسین و جمیل گائے جا رہی ہے اور یہ بھی معلوم ہے کہ صوفے کے پیچھے کوئی نہیں ہے۔ یہ تم بدرنگ کیوں ڈالتے ہو—— کہہ جو دیا ترپ چال——!"

چاء

وہ صبح سے عجیب عجیب حرکتیں کر رہا تھا۔ کبھی لمبے لمبے سانس لیتا، کبھی دھڑام سے صوفے پر گر کر آنکھیں میچ لیتا۔ کبھی دیر تک مسکا مسکا کر کرسی پر طبلہ بجاتا۔ پھر یکایک چھلانگ مار کر آئینے کے سامنے جا کھڑا ہوتا اور کچھ اس انداز سے آئینہ دیکھتا جیسے آج زندگی میں پہلی مرتبہ آئینہ دیکھنے کا اتفاق ہوا ہے۔ دو ایک مرتبہ اس نے بلغ کا دورہ بھی کیا۔ لیکن چند آہیں بھر کر جلدی سے واپس آگیا۔

کوئی دیکھ لیتا تو اُسے سچ مچ دیوانہ سمجھتا۔ لیکن وہ دیوانہ نہیں تھا، وہ عاشق تھا۔ اور آج محبوب نے اُسے پانچ بجے بلایا تھا۔ آج اس کے دل میں شدید ترین طوفان بپا تھا۔ اسے یوں محسوس ہو رہا تھا جیسے وہ پانچ چھ سو سال سے عاشق ہے۔

اُس کے سامنے کپڑوں کا انبار پڑا تھا۔ لباس کا انتخاب بھی مصیبت تھی۔ کبھی سوچتا شیروانی پہنوں۔ کبھی خیال آتا کہ سوٹ بہتر ہوگا۔ پھر جی للچایا کہ کالج کا بلیزر ہی کیوں نہ پہن لیا جائے۔ اسی رسہ کشی میں تین بج گئے اور وہ کوئی فیصلہ نہ کر سکا۔ یکایک اسے خیال آیا کہ ایک دن اس کے بلیزر کی تعریف ہوئی تھی۔ لیکن بلیزر تو گرم ہے۔ بھلا ئی

میں بھی کوئی بلیزر پہنتا ہے لیکن اپریل تک تو سب پہنتے ہتے۔ چلو کیا ہوا ابھی ابھی تو مئی شروع ہوئی ہے۔

ساڑھے چار بجے وہ بن ٹھن کر نکلا۔ باہر ابھی خاصی گرمی تھی۔ اس نے جیب میں پڑی ہوئی انگوٹھی کو ٹٹولا اور مسکرانے لگا ـــــ اور جو آج یہ انگوٹھی پہنادوں تو؟

آخری دفعہ جب ملاقات ہوئی تھی تو کیسی پیاری پیاری باتیں ہوئی تھیں۔ بولی ابا جان سے ضرور ملیے۔ پوچھا، کیا ضروری ہے؟ بولی، ہاں بہت ضروری ہے۔ پوچھا کیوں بھلا؟ تو چپ ہوگئی۔ دراصل ہندوستان میں تو ابا جان کے حکم کے بغیر ایک پتہ بھی نہیں ہل سکتا۔ محبت میں ابا ایک اہم ترین جزو ہیں۔ محبت ابا کی مرضی کے مطابق کی جاتی ہے اور ان کی مرضی کے مطابق گھٹائی بڑھائی جا سکتی ہے۔ اسی لیے وہ آج مجھے اپنے ابا سے ملانا چاہتی ہے عجب اتفاق ہے کہ تین سال سے میں اس لڑکی کو جانتا ہوں لیکن اس کے ابا سے نہیں ملا۔ ہندوستان میں یہ معجزے سے کم نہیں۔

ویسے آج اُن سے ملنے کا سنہری موقع ہے۔ کیونکہ دو تین ہفتوں تک یہ لوگ یہاں سے چلے جائیں گے۔ اس کی نگاہ سامنے دیوار پر چلی گئی۔ لکھا تھا ـــــ گرمیوں میں گرم چائے ٹھنڈک پہنچاتی ہے ـــــ نیچے پانچ پیالیوں کی تصویر بنی ہوئی تھی اور لکھا تھا ـــــ ایک پیسے میں چاء کی پانچ پیالیاں تیار ہوتی ہیں۔ ـــــ کیا لغویت ہے؟ گرمیوں میں گرم چیز کس طرح ٹھنڈک پہنچا سکتی ہے؟ ـــــ

کون یقین کرے گا؟ اگر یہ صحیح ہے تو پھر گرمیوں میں تپتی ہوئی دھوپ بھی ٹھنڈک پہنچاتی ہے۔ گرمیوں میں آگ کے سامنے بیٹھنے سے سکون ملتا ہے اور گرمیوں میں گرم کپڑے خنکی پہنچاتے ہیں —— اور یہ پانچ پیالیوں والا مذاق بھی ایک ہی سا۔ اشتہار دینے والے یہ بھول جاتے ہیں کہ چائے میں صرف اُبلتا ہوا پانی ہی نہیں ہوتا بلکہ دودھ اور شکر بھی ڈالتے ہیں۔

وہ پانچ بجنے سے ذرا پہلے پہنچ گیا۔ پھاٹک پر اس نے ٹائی کی گرہ درست کی۔ بال سنوارے، چہرے پر ایک دلآویز مسکراہٹ پیدا کی اور اندر داخل ہو گیا۔ اُس کا خیال تھا کہ انتظار ہو رہا ہو گا لیکن برآمدے میں کوئی نہ تھا۔ کوٹھی بھی سنسان پڑی تھی۔

وہ برآمدے میں ٹہلنے لگا۔ جب دیر تک کوئی نہ آیا تو اس نے زور سے آہٹ کی۔ اندر سے آواز آئی "جی!" اور پھر خاموشی چھا گئی۔ وہ بدستور ٹھہرا رہا۔ یکایک پردہ ہلا —— کوئی آ رہا ہے۔ وہ دوبارہ مسکرانے لگا۔ اتنے میں پردہ ہٹا اور ایک موٹا تازہ کتا باہر نکلا۔ اُسے نیم باز آنکھوں سے دیکھتا ہوا بڑی بے نیازی سے گزر گیا۔ کاش کہ یہ بھونک ہی دے۔ اُس نے بڑی کوشش کی کہ کتا کسی طرح بھونک دے لیکن کتے نے اس کی طرف دوبارہ توجہ ہی نہیں کی۔

اس کے بعد اُس نے بہتیرے جتن کیے۔ کئی مرتبہ زور زور سے کھانسا، سیڑھیوں پہ زور زور سے اُترا چڑھا۔ آخر تنگ آ کر ستون کے پاس رکھی ہوئی بالٹی زور سے پٹخ دی۔

اندر سے کوئی چلایا —— نگوڑی رہ مُردار۔ ابھی تیری خبر لیتی ہوں۔ یہ خادمہ باہر آئی۔

"گول کمرے میں تشریف رکھیے۔" وہ بولی۔

"اور وہ کہاں ہیں؟" اس نے ذرا شرماتے ہوئے پوچھا۔

"وہ ابھی سو رہی ہیں۔" یہ کہہ کر وہ غائب ہو گئی۔

ابھی سو رہی ہیں؟ ——— اس نے گھڑی دیکھی، پورے پانچ بجے تھے۔ خیر! انتظار کر لیں گے۔ وہ گول کمرے میں جا بیٹھا۔ لیکن یہ سونے کا کونسا وقت ہے؟ اور یہ گول کمرہ کس مسخرے نے نام رکھا ہے، اچھا بھلا چوکور کمرہ ہے۔ آج تک کبھی ایسا کمرہ دیکھنے میں نہیں آیا جو گول ہو۔ اور یہ پنکھا نہایت ہی سست رفتار ہے۔ چل کیا رہا ہے گویا احسان کر رہا ہے۔ ہوا تو نام کو نہیں آ رہی۔ ساری ہوا چھت کی طرف جا رہی ہے۔ غالباً کسی نے الٹا لگا دیا ہے۔ بڑی گرمی ہے پسینہ آ رہا ہے۔ بلیزر اُتار دینا چاہیے۔ لیکن کیا پتہ وہ لوگ کب آ جائیں۔ اب پینے ہی بجتے ہیں۔ لیکن پانچ بج چکے ہیں۔ کوئی نظر نہیں آتا۔

چائے کا وقت بھی ہو گیا ہے۔ کچھ تو چہل پہل ہونی چاہیے۔ سب کے سب کہیں باہر تو نہیں چلے گئے یا شاید سو رہے ہوں۔ خادمہ کو گئے کافی دیر ہو گئی۔ ممکن ہے کوئی جاگ اٹھا ہو۔ اس نے میز پر رکھا ہوا گلدان لڑھکا دیا۔ دوسرے کمرے سے کوئی چلایا ——— "بلی!" ——— یہ کیا مصیبت ہے؟ یوں معلوم ہوتا ہے کہ جیسے اس گھر میں انسانوں سے زیادہ بلیاں آباد ہیں۔ یا یہ خادمہ کی بچی جان بوجھ کر کہتی ہے۔ دروازہ کھلا اور خادمہ آئی۔ پوچھا تو کہنے لگی "ابھی سو رہی ہیں۔ کیا اتنی جلدی

اُٹھ کھڑی ہوں ؟ آپ انتظار کیجئے۔"

تو ابھی سو رہی ہیں ــــ سبحان اللہ! کس سادگی سے فرمایا ہے۔ سوا پانچ بجنے کو آئے اور ابھی تک سو رہی ہیں۔ لیکن مجھے بلایا کیوں تھا۔ جو لڑکی اتنی دیر تک سو سکتی ہے اُسے کیا کہیں کیا نہ کہیں۔ لازمی طور پر اس نے دوپہر کو جی بھر کے مُرغن لنچ کھایا ہو گا۔ شاید خراٹے بھی لے رہی ہو۔ خراٹے لینا کس قدر غیر رومانی حرکت ہے۔ کم از کم میں تو برداشت نہیں کر سکتا۔ اگر سونے کا پروگرام تھا تو بھلا مجھے بُلانے کی کیا ضرورت تھی ؟ اور وہ اس کے ابا کہاں ہیں ؟ وہ بھی دوپہر کے کھانے کے بعد قیلولہ فرما رہے ہوں گے۔

آخر یہ تماشا کیا ہے ؟ آج اپریل کی پہلی تاریخ بھی نہیں پھر مجھے بیوقوف کیوں بنایا گیا۔

ابا جان سے ملاؤں گی (منہ چڑا کر) جیسے ابا جان تڑپ ہی تو رہے ہیں مجھ سے ملے بغیر۔ نہ جانے میں کب تک اُلو بنا رہوں گا۔ اپنے خوابوں سے کب جاگوں گا صبح محبت، شام محبت، اٹھتے بیٹھتے، سوتے جاگتے۔ بس محبت ہی کا خبط رہتا ہے ساری دنیا سے میں محبت کرتا ہوں اور ساری دنیا میرے فراق میں نڈھال ہے۔ میاں خدا عقل کے ناخن لو، جان بوجھ کر اُلو نہ بنو۔ کس کی محبت اور کیسی محبت۔

آخر تم ہو گیا۔ نہ کسی کو آپ سے محبت تھی اور نہ ہے۔ اور آپ اچھے خاصے بیوقوف بھی ہیں مئی میں جو شخص گرم بلیزر پہنے وہ بیوقوف نہیں تو اور کیا ہے۔

اور یہ جو تم خودداری، خودداری چوبیس گھنٹے ہانکتے رہتے ہو۔ کہاں گئی وہ خودداری؟ فوراً یہاں سے چل دو، دیکھ لیں گے کیا ہوگا۔ کوئی مر تو نہ جائیں گے اس محبت کے بغیر۔ اور پھر یہ محبت ہی کہاں ہے؟ یہ تو سو فیصدی حماقت ہے۔ چلو اب اتنی کافی احمق بن چکے۔ لیکن جانے سے پہلے عہد کر لو کہ پھر کبھی اِن مکان میں قدم نہیں رکھو گے۔ لیے پھرتے ہیں مکان —— گول کمرہ —— لعنت ہے اُس پر جو آئندہ اس مکان کی طرف رُخ بھی کرے۔ دو تین ہفتوں تک یہ لوگ یہاں سے دفع ہو جائیں گے۔ اللہ اللہ خیر صلا۔ آنکھ اوجھل پہاڑ اوجھل۔ قصہ ختم ہو گا

وہ چل دیا۔ راستے میں خادمہ ملی۔ بولی —— "آپ کہاں تشریف لے جا رہے ہیں؟" جی میں آیا کہہ دے "جہنم میں"۔ "آپ کب تشریف لائیں گے؟" اس نے پوچھا۔ "قیامت تک نہیں"۔ اس نے دل میں کہا۔ پھاٹک سے گزرتے وقت اس نے جیب میں ہاتھ ڈال کر انگوٹھی کو مسل دیا۔ دل چاہا کہ اُسے کہیں دور پھینک دے۔ خیر ابھی نہیں۔ ویسے میں اسے کہیں نہ کہیں ضرور پھینک دوں گا، اس کی اب کوئی ضرورت نہیں ہے۔ دراصل اس کی ضرورت تھی ہی نہیں، یونہی خرید لی۔ میں بڑا فضول خرچ ہوں تبھی تو ہمیشہ مقروض رہتا ہوں سا ایک طالب علم کو سونے کی انگوٹھی نہیں

خریدنی چاہیے تھی۔

اب وہ سڑک پر چل رہا تھا۔ اور اُسے یوں محسوس ہو رہا تھا جیسے ہر راہگیر اُس کے بلیزر کو غور سے دیکھ رہا ہے۔ دفعتہ ایک تانگا بالکل اُسے چھوتا ہوا بڑی تیزی سے گزر گیا۔ غصّے سے اس کا بُرا حال ہو گیا۔ چلّا کر بولا — "ابے او دیکھ کر نہیں چلتا؟" پھر کچھ شرمندہ سا ہو گیا۔ سڑک پر یوں چلّانا تو سُوتی میں گرم بلیزر پہننے سے بدتر ہے۔ کہیں شریف آدمی بھی ایسی حرکتیں کرتے ہیں۔

وہ چوک سے گزر رہا تھا کہ ایک دم بہت سی موٹریں آگئیں اور راستہ رُک گیا۔ وہ درمیان میں پھنسا کھڑا تھا۔ نہ جانے سب سے اگلا ڈرائیور کیوں کھڑا ہے، موٹر چلاتا کیوں نہیں۔ وہ غصّے سے تلملا اٹھا۔ جی میں آیا کہ آگے بڑھ کر ایک دھپ دے ڈرائیور کے۔ آگے بڑھا بھی، لیکن موٹر چل دی۔

تین چار پرندے آپس میں لڑتے لڑتے بالکل اس کے سر پہ آ بیٹھے۔ ہاتھ سے جھٹک کر اُس نے پیچھا چھڑایا — یہ کم بخت پرندے! نامعقول کہیں کے! جنگلوں میں جا کر کیوں نہیں مرتے۔ شہر میں نہ جانے کیوں تنگ کرنے آجاتے ہیں۔ ان کا بہترین علاج یہی ہے کہ بندوق لے کر صبح سے شام تک ان کی مزاج پُرسی کرو۔ تب یہ سیدھے ہوں گے۔

ایک سینما ہاؤس آیا۔ دروازے پر بہت بڑا اشتہار چسپاں تھا — "زندہ ناچ و گانا" جیسے کوئی مردہ ناچ و گانا بھی ہوتا ہو۔ یہ اشتہار بھی سخت مہمل قسم کا ہے اور ساتھ ہی

ہدایات دُم چھلے کی طرح لگی ہوئی ہیں۔ دنگہ فساد کرنے والا حوالہ پولیس کیا جائے گا۔ سگریٹ پینے والے کو جیل میں بند کر دیا جائیگا۔ شراب پینے والے کوڑے لگائے جائیں گے

توبہ توبہ آج گرمی کس قدر ہے! مئی میں اس قدر گرمی! غضب خدا کا یہ موسم بھی نہایت غیر یقینی چیز ہے مئی میں اتنی گرمی ہرگز نہیں ہونی چاہیئے۔ عجب بے تکا موسم آرہا ہے یہ دنیا بھی کیسی مصیبت کی جگہ ہے۔ اگر خودکشی آسان ہوتی تو آج ضرور کی جاتی۔

اب وہی چاء کا اشتہار آیا۔ وہاں ایک کیفے تھا جو چاء کے لیے مشہور تھا۔ گھڑی دیکھی تو چھ بجنے والے تھے۔ پہلے سوچا، چلو سیدھے چلیں پھر خیال آیا کہ آج پیر ہے کو چاء نہیں پی، یہیں پی لیتے ہیں۔ وہ اندر چلا گیا اور ایک کرسی پر بیٹھ گیا۔ کچھ دیر انتظار کیا لیکن کوئی نہیں آیا۔ سوچنے لگا کہ ہماری قسمت خراب ہے جہاں انتظار کرتے ہیں کچھ نہیں ملتا۔ اُس نے آواز دی — "بہرہ" چند بہروں نے اُس کی طرف دیکھا مگر لیکن وہ سب مصروف تھے، کوئی نہ آیا۔

"بہرہ!" وہ زور سے چلایا۔ اس مرتبہ بھی کوئی نہ آیا۔

"بہرہ آآ!" وہ پورے زور سے چیخا۔ سامنے بیٹھے ہوئے ایک صاحب بولے "جناب! جب وہ غریب ہے ہی بہرہ، تو اُسے سنائی خاک دے گا۔ آپ ناحق خفا ہوتے ہیں۔"

ایک قہقہہ پڑا۔ اس کے جی میں آیا کہ ایک تیز سا جواب دے کہ اتنے میں بہرہ آگیا خوب

ٹھکرا رہا تھا۔ آتے ہی بولا ـــــ "چاء یا کافی؟"

"چاء کافی ہو گی۔" اس نے جواب دیا۔

"آپ چاء پئیں گے یا کافی؟" بیرے نے مسکراتے ہوئے پوچھا۔

"اس میں ہنسی کی کیا بات ہے؟"

"جی نہیں! ہنس تو نہیں رہا ہوں۔"

"پھر یہ بتیسی کیوں دکھا رہے ہو؟"

"باتیں کرتے وقت بتیسی نظر آ ہی جاتی ہے۔" بیرہ مودبانہ بولا اور غصے سے اس کا خون کھولنے لگا۔ ایسا جی چاہا کہ بیرے کو جان سے مار ڈالے۔ بڑی مشکل سے ضبط کیا اور بولا۔ "چاء لاؤ" بیرا چلا گیا۔

وہ اِدھر اُدھر دیکھنے لگا۔ بے شمار لوگ بیٹھے تھے۔ تقریباً سب کے سب مسکرا رہے تھے۔ کچھ تو سچ مچ ہنس رہے تھے ـــــ یہ لوگ مسکرا کیوں رہے ہیں؟ جو بلا وجہ دانت نکالے وہ تو زہر دکھائی دیتا ہے ـــــ اور یہ ریڈیو کم بخت یہاں بھی موجود ہے۔ اس وقت بھاؤ بتائے جا رہے تھے۔ بیلوں کی جوڑی اسی روپے چار آنے تین پائی ـــــ گایوں کی جوڑی ـــــ لنگوروں کی جوڑی۔ طوطوں کی جوڑی ـــــ آخر یہ سب کے سب چپ چاپ بیٹھے یہ خرافات سن کیوں رہے ہیں؟ کوئی جا کر ریڈیو بند کیوں نہیں کر دیتا۔ یا کم از کم سٹیشن ہی بدل ہی دے۔ یہ کیفے بھی دن بدن بیہودہ ہوتا جا رہا ہے۔ آئندہ یہاں قدم نہیں رکھوں گا۔

اتنے میں چائے آگئی۔ ایک پیالی بنائی اور پینے لگا۔ چسکی لے لے کر پہلی پیالی ختم ہوئی۔ دفعتہً اُس نے ایک عجیب و غریب تبدیلی محسوس کی، جیسے وہ سوتے سوتے جاگ اٹھا ہو۔ جیسے کسی نے جھنجھوڑ کر اٹھا دیا ہو۔

پہلے چاروں طرف اندھیرا سا تھا، اب اندھیرا دُور ہو رہا تھا اور روشنی آ رہی تھی۔ اُس کی بینائی بھی تیز ہوتی جا رہی تھی۔ اب وہ دور دور کی چیزیں صاف دیکھ سکتا تھا۔

دوسری پیالی شروع کی۔ بھاؤ ختم ہو چکے تھے، اب ریڈیو پر کوئی گانا ہو رہا تھا۔ کوئی بیکار راگ تھا۔ پھر بھی اس کا سر مٹکنے لگا۔

تیسری پیالی پر جیسے کوئی اُس کے دماغ میں گدگدیاں کرنے لگا۔ وہ مسکرائے بغیر نہ رہ سکا۔ بیچ بیچ مسکرانے لگا۔ اُس کے جسم میں یک لخت چستی آگئی۔ کسی نے اس کی روح کو اوور ہال کر دیا۔ بیرا آگیا، اس سے چند مذاق کیے۔ کچھ دیر بیٹھا مسکراتا رہا۔ جب باہر نکلا تو دیکھا کہ عجب سہانا سماں ہے۔ یہ دنیا تو بڑی دلچسپ جگہ ہے کائنات مسکراتی ہوئی دکھائی دے رہی تھی۔ اُس کا جی چاہا کہ چھلانگیں مارے قلابازیاں کھائے یا کم از کم کسی سے لڑ ہی پڑے۔

ایک جگہ دیوار پر لکھا تھا — "اشتہار لگانے والا گرفتار کیا جائے گا!" —

عین اُسی جگہ ایک حضرت اشتہار چپکا رہے تھے اور چند حضرات اشتہاروں کے پلندے لیے منتظر تھے۔ اور باقی ساری دیوار خالی پڑی تھی۔ اس کی مسکراہٹ اور بھی بڑھ گئی

گئی اور سارے چہرے پر پھیل گئی۔ اُسے خود ہمیشہ "سگریٹ پینا منع ہے" پڑھ کر سگریٹ پینا یاد آتا تھا اور وہ فوراً سگریٹ سلگا لیا کرتا۔ یہ انسانی فطرت بھی خوب مزے کی چیز ہے، اگر فرصت ہو تو اس کا مطالعہ ضرور کرنا چاہیے۔

اب وہ خوب تن کر چل رہا تھا، مٹھیاں بھینچ کر۔ پھر اُس چوک میں پہنچا جہاں سے ایک سڑک ان کی کوٹھی کو جاتی تھی۔

رک کر سوچنے لگا، چلو ایک چکر اور لگا آئیں۔ نہیں! ہرگز نہیں! ابھی تو عہد کیا تھا۔ قسم کھائی تھی۔ اب ہرگز نہ جائیں گے ـــــ لیکن جانے میں کوئی خاص ہرج تو ہے نہیں۔ چلو خدا حافظ ہی کہہ آئیں۔ کچھ دنوں تک تو وہ لوگ چلے ہی جائیں گے۔ اور جو آج یہ توہین ہوئی ہے، اُس کے بعد بھی جاؤ گے؟ ـــ غرضیکہ چند منٹ کشمکش رہی۔ دل نے کہا۔ مولانا مذمت کرو، چھوڑ چھاڑ مت۔ تو چلو ایک چکر لگا آتے ہیں۔ آنے جانے میں کون سے ہاتھی گھوڑے لگتے ہیں۔ اب چلو۔

چوروں کی طرح وہ کوٹھی میں داخل ہوا۔ وہاں سب منتظر تھے، برآمدے میں کنبے کا کنبہ راہ دیکھ رہا تھا۔ بڑی گرمجوشی سے اس کا استقبال کیا گیا، اس سے معافی مانگی گئی۔ خادم کو خوب ڈانٹا گیا کہ اس نے انتہائی بدتمیزی سے کام لیتے ہوئے اس گول کمرے میں کیوں بٹھائے رکھا جبکہ چار بجے سے سب کے سب دوسری طرف باغیچے میں اس کا انتظار کر رہے تھے۔

جب وہ رات گئے واپس ہوا تو اُس کا رُواں رُواں خوشی سے ناچ رہا تھا۔ تنہائی میں باتیں بھی ہوئیں۔ انگوٹھی بھی قبول ہوگئی اور ایک چوڑی بھی ملی، جو خاص طور پر اتاری گئی تھی۔ اُس کے ابا سے خوب باتیں ہوئیں۔

وہ مسکرا رہا تھا۔ اُس کے دل میں مسرت تھی، اور چال میں رقص۔ یکایک ایک ایسا خیال آیا جس نے اس مسرت پر اداسی سی ڈال دی۔ اگر وہ آج دوبارہ نہ جاتا تو، تو کیا ہوتا؟ ایک مرتبہ تو وہ فیصلہ کر چکا تھا کہ واپس نہیں جائے گا۔

وہ کونسی طاقت تھی، جو اسے دوبارہ کھینچ کر لائی؟ محبت کی طاقت؟—— ہرگز نہیں! پھر کون سی طاقت تھی؟ —— شاید چائے کی پتیاں! چائے کی چند پتیاں جن کو اُبال کر وہ شکر اور دُودھ کے ساتھ پی گیا تھا۔ غضب خدا کا! آج شام کو جو کچھ ہوا، اس کے لیے وہ چائے کی چند پتیوں کا ممنون ہے۔ اگر وہ آج چائے نہ پیتا تو غالباً اِس وقت اپنے کمرے میں بیٹھا دنیا کی ہر چیز کو کوس رہا ہوتا۔

چائے اور محبت! کیا واقعی محبت میں چائے ضروری ہے؟ چائے کے بغیر محبت کرنا ناممکن ہے۔ چائے دریافت ہونے سے پہلے بھی تو لوگ محبت کرتے ہوں گے۔ بھلا شیکسپیئر نے یہ بھی کہیں لکھا کہ سہ پہر ہوتے ہی رومیو اجولیٹ کی نظر بچا کر چائے پینے چلا گیا یا یہ کہ دن ڈھلا ہو اور مجنوں ایک تیز رفتار اونٹ پر سوار ہو کر نجد کے صحرا سے سیدھا قہوہ خانے چائے پینے چلا گیا ہو یا فرہاد نے چار بجے نہر کھودنا ملتوی کردیا ہو اور شیریں سے درخواست کی ہو کہ اے گلستانِ حسن و خوبی! ذرا سی چائے تو بلوا لیجیے!

اس کے معنی یہ ہوئے کہ یہ جو تیس سال سے اُسے خبط تھا یہ اصلی اور خالص عشق نہیں تھا۔ اس مشینی دور کا مشینی عشق تھا، جس میں بہت سی چیزوں کو دخل ہے۔ جس میں موسم کے تغیر کو دخل ہے، موڈ کو دخل ہے، ابا جان کی مرضی کو دخل ہے اور ساتھ ہی چاء کو بھی!

اگر یہ واقعی عشق تھا، تو لعنت ہے۔ اس نے اپنے آپ کو خوب برا بھلا کہا۔ محبت کا سارا دعویٰ منٹوں میں باطل ہو گیا، محض اس لیے کہ وہ سہ پہر کو چاء پینا بھول گیا تھا۔

وہ اُسی کیفے کے قریب پہنچ گیا۔ چاء کے دونوں اشتہار روشنی میں چمک رہے تھے۔ چلو ایک مرتبہ اور چاء پی لیتے ہیں۔ اگرچہ پینے کا کوئی وقت تو نہیں ہے، پھر بھی پی لیتے ہیں۔

اُس نے دوبارہ اشتہاروں کو پڑھا اور جیسے ہتھیار ڈال کر کہا۔ واقعی گرمیوں میں گرم چائے ٹھنڈک پہنچاتی ہے، بلکہ منجمد کر کے رکھ دیتی ہے۔ اور ایک پیسے میں پانچ پیالیاں کیا دس پیالیاں بن سکتی ہیں۔ اگر چاء کے کچھ اور مطالبات ہوں تو وہ بھی آج میں بلا چون و چرا مان لوں گا۔

یہ سوچتا ہوا وہ کیفے میں داخل ہو گیا۔

نوٹ:۔ اس مضمون کو چاء کی کسی کمپنی کا اشتہار ہرگز نہ سمجھا جائے۔

فنِ لطیف

اگرچہ اس امر کا باقاعدہ اعلان تو نہیں ہوا لیکن یہ حقیقت ہے کہ فنِ اشتہار بازی کو عرصے سے فنونِ لطیفہ میں شامل کیا جا چکا ہے۔ چنانچہ دوسرے ملکوں میں فنِ موسیقی اور فنِ مصوری کے ساتھ ساتھ فنِ اشتہار بازی کی بھی تعلیم دی جاتی ہے اور بڑے بڑے اشتہار باز پیدا ہوتے ہیں۔ ویسے یہ فن دنیا کے قدیم ترین فنون میں سے معلوم ہوتا ہے۔

اہرامِ مصر کی تعمیر کے وقت مصر بھر میں "معماروں کو مژدہ" کی سرخی کے اشتہارات تقسیم ہوئے ہوں گے۔ کولمبس نے امریکہ دریافت کرنے سے پہلے اس مضمون کے پوسٹر دیواروں پر چسپاں کیے ہوں گے "ضرورت ہے! سیاحِ اعظم حضرت کولمبس صاحب کے لیے جفاکش اور محنتی ملاحوں کی۔ جو اُن کو ایک نئے براعظم کی تلاش میں مدد دے سکیں۔ تنخواہ قابلیت کے مطابق۔ ملاح درخواستوں کے ساتھ اپنے سرٹیفکیٹ ضرور بھیجیں۔"

ہیون سانگ نے ہندوستان سے واپس جا کر اپنے سفرنامے کی اشتہار بازی یوں کی ہوگی

چھپ گیا! چھپ گیا!! چین کے مشہور ترقی پسند سیاح کا سفرنامہ جس میں ہندوستان کے دلچسپ حالات، وہاں کے باشندوں کے متعلق عجیب عجیب کہانیاں اور طرح طرح کی افواہیں شامل ہیں۔ لکھائی چھپائی دیدہ زیب۔ مصور سرورق سے مزین مصنف کا کارٹون بھی شامل ہے۔ دیباچہ مشہور چینی ادیب حضرت چوں چیاؤں پنگ پانگ نے لکھا ہے جلد منگائیے ورنہ پہلے ایڈیشن کا انتظار کرنا پڑے گا۔

طوفانِ نوح آنے سے پہلے شہر کے قاضی نے جلی حروف میں یہ مضمون شاہراہ میں لکھوا دیا ہوگا۔

"آ رہا ہے! آ رہا ہے!! اس شہر میں پہلی مرتبہ ایک طوفان عظیم، جو دیکھنے سے تعلق رکھتا ہے۔ اگلے دوشنبہ سے طوفان کا پہلا ہفتہ شروع ہو جائے گا۔ ہمیں ایک بہت بڑی کشتی کی ساخت کے لیے نمونے درکار ہیں۔ سربمہر ٹنڈر بھیجے جائیں۔ ساتھ ہی جانوروں اور پرندوں کا ایک ایک جوڑا درکار ہے۔ ضرورت مند حضرات توجہ فرمائیں۔"

قدیم ہندوستانی تہذیب میں بھی اشتہار بازی کے چند نادر نمونے ملتے ہیں یہاں ہم صرف دو اشتہار پیش کریں گے۔

پہلا اشتہار تو مشہور گویے تان سین کا ہے۔ مضمون ملاحظہ ہو۔

ریگستان کے کاشتکاروں کو خوش خبری ——

اگر بارش وقت پر نہ ہو اور فصلیں سوکھ رہی ہوں تو اپنا اونٹ بھیجکر تان سین صاحب کی خدمات حاصل کیجئے۔ جو میگھ ملہار گا کے منٹوں میں چھاجوں مینہ برسا دیں گے۔ نیز اگر کوئی صاحب کہیں آگ لگوانا چاہیں تو وہ بھی صاحب موصوف سے خط و کتابت کریں اور خط میں دیپک راگ کا حوالہ دیں۔ ایسی خط و کتابت صیغۂ راز میں رکھی جائے گی۔"

دوسرا اشتہار تاریخی اہمیت رکھتا ہے۔

تاریخ ہندوستان کے مشہور "بادشاہ گر" تو آپ نے سنے ہوں گے۔ دو بھائی تھے کچھ ایسا ہی نام تھا ان کا —— کچھ برادرز —— ان حضرات نے سلطنت میں جو دھما چوکڑی مچائی تھی وہ سب کو یاد ہی ہوگی جسے چاہتے بادشاہ بنا دیتے جسے چاہتے تخت سے اتار دیتے۔

یہ جہاں بھی جاتے، چھپے ہوئے فارم تقسیم کرتے۔ جنکی عبارت ہم نقل کیے دیتے ہیں۔

"پھر نہ کہنا ہمیں خبر نہ ہوئی

بادشاہ بننے کا نادر موقعہ! کیا آپ بادشاہ بننا چاہتے ہیں؟ اگر چاہتے ہیں تو مندرجہ ذیل سرخیوں کو پُر کرکے مذکورہ فیس کے ہمراہ فوراً بھیجئے۔

۱۔ نام، عمر، قد، مزاج، صحت، شادی شدہ ہو یا نہیں۔

۲۔ کیا پہلے بھی کبھی بادشاہ بنے ہو؟ اگر بنے تھے تو کس سلسلے میں اور کتنے دن حکومت کی؟ اور اب تک زندہ کیونکر ہو؟

۳۔ کتنے روز حکومت کرنا چاہتے ہو (کم سے کم عرصہ لکھو)۔

۴۔ ایک عہد نامہ بھیجو کہ بادشاہ بنکر ہمارے اشاروں پہ ناچو گے۔ ہمارے ارشاد پر استعفیٰ دیدو گے کسی قسم کی اصلاحات نہیں کرو گے اور سلطنت کے کسی کام سے واسطہ نہ رکھو گے۔

۵۔ مرنا کس طرح پسند کرو گے ——— ؟

(ا) پھانسی (ب) قتل (ج) فصیل سے گرایا جانا (د) ہاتھی کے پاؤں تلے آ جانا۔ (س) زہر کھانا۔ (یہ سوال ضروری ہے۔ ایک طریقہ ضرور منتخب کرکے لکھنا ہوگا)۔

لیکن آجکل ملک میں یہ فن بڑی تیزی سے زوال کی طرف جارہا ہے اور کسی کو اس کا احساس تک نہیں۔ ہر روز۔ 'جھوٹے پر خدا کی لعنت'۔ 'مرادآباد میں مُردہ زندہ ہوگیا'۔ 'نقالوں سے بچو'۔ 'آپ کو خدا کی قسم ضرور پڑھیئے'۔ 'اسکے پڑھنے سے بہتوں کا بھلا ہوگا'۔ 'منظور ہے گزارشِ احوالِ واقعی'۔ پڑھ پڑھ کر ہم تنگ آچکے ہیں۔ یوں معلوم ہوتا ہے جیسے ان سرخیوں سے ہم ازل سے آشنا ہیں۔

ہمیں مغربی اشتہار بازی کے مطالعے کا اتفاق ہوا۔ تب ہمیں اپنی حالت پر افسوس ہوا۔ عبداللہ سگریٹ لندن کے مشہور سگریٹ ہیں۔ بلیک آؤٹ میں کوئی سگریٹ نہیں پی سکتا۔ ٹریم میں سفر کرتے وقت اس اشتہار پر اکثر نظر پڑ جاتی ہے ——

"بلیک آؤٹ میں سگریٹ پینا منع ہے، یہاں تک کہ سعید اللہ سگریٹ کی بھی ممانعت ہے۔"
واللہ کیا لطیف اشتہار ہے؟ اس کے مقابلے میں "قینچی مار کر سگریٹ پیا کرو"
والے اشتہار کو لیجئے، مقابلے کا سوال ہی پیدا نہیں ہوتا۔

"کھانسی کے لیے اکسیرِ کھانسی استعمال کرو۔" ایسا ہے جیسے کسی کے سر پر ہتھوڑا
مار دیا۔ نہ اس نعرے میں کوئی جاذبیت ہے نہ ملائمت ہے۔

ہم نے ایک رسالے میں کارٹون دیکھا جس میں کوئی ڈاکٹر ربڑ کی نلکی سے مریض
کے سینے کا معائنہ کر رہا تھا۔ ڈاکٹر نے کہا، "کھانسو" مریض مسمسی شکل بنا کر کہتا ہے
"صاحب! میں معذور ہوں۔ بالکل نہیں کھانس سکتا۔ ابھی ابھی میں نے ایلن بری کی
کھانسی کی گولیاں کھائی ہیں۔"

اس اشتہار کا اثر ہم پر یہ ہوا کہ ہم فوراً بازار سے ایلن بری کی گولیاں لائے
اور کھانسی کا انتظار کیے بغیر شیشی ختم کر ڈالی (گولیاں میٹھی تھیں)۔

پھر ورزش کی کتاب کا اشتہار دیکھا۔ جس میں ایک مشہور انگریز مصنف کی یہ رائے درج تھی:۔
"آج سے چند ماہ پہلے ایک بدہضمی کا مارا ہوا شخص بازار میں جا رہا تھا۔ وہ
شخص ڈھیلے بھدے جسم اور کئی ٹھوڑیوں کا مالک تھا۔ نہ اسے دنیا سے کوئی دلچسپی
تھی نہ دنیا کے کاموں سے۔ وہ صحیح معنوں میں زندگی سے بیزار تھا۔ دفعتہً ایک
دکان میں اسے ورزش کی یہ کتاب نظر آئی اور اس نے خریدلی۔ اسے پڑھ کر آدھ گھنٹے
روزانہ ورزش کے بعد ڈیڑھ مہینے میں نہ صرف اس کا کافی وزن گھٹ گیا اور توند کم

ہو گئی بلکہ زندگی کی گزشتہ دلچسپیاں نئے سرے سے عود کر آئیں۔ گویا اس کی عمر سے کسی نے بیس سال گھٹا دیئے۔ یہ واقعہ بالکل صحیح ہے اور میں بڑے وثوق سے اسکی تصدیق کر سکتا ہوں کیونکہ وہ ڈھیلا ڈھالا اور بیزار شخص میں ہی تھا۔"

ایک کیبلے کے باہر ایک بہت بڑی تصویر تھی جس میں ایک بچھڑا گائے کے سامنے کھڑا ضد کر رہا ہے اور کہہ رہا ہے: "ذرا اُچھلئے، کُودیئے۔"

گائے نے جھلا کر پوچھا: "آخر کیوں؟"

بچھڑے نے جواب دیا: "میرا جی MILK SHAKE کو چاہ رہا ہے۔"

اس کے نیچے مِلک شیک کی مختلف قسموں کا اشتہار تھا۔

چاکلیٹ کی ایک مشہور کمپنی ہمیشہ یوں اشتہار دیتی تھی "یمّی" اسلئے کہ ان دنوں عمدہ چاکلیٹ کا ذکر ماضی تمنائی میں کرنا پڑتا ہے۔ ایک میچ میں کھیل ہو رہا ہے، بیشمار تماشائی بیٹھے دیکھ رہے۔ ایک صاحب ایک دروازے سے ایک گائے ساتھ لیے چلے آ رہے ہیں۔ لوگ اُن کو بُری طرح گھورتے ہیں۔ نیچے لکھا ہے ـــ

"اگر آپ دودھ کے شوقین ہیں اور کرکٹ میچ میں اپنی گائے ہمراہ نہیں لیجا سکتے تو کیا ہوا ہماری کمپنی کے چاکلیٹ ساتھ لیجائیے جو خالص گائے کے دودھ سے تیار کیے جاتے ہیں۔"

ایک مشہور فرم کا اشتہار بیحد مقبول ہے۔ یہ فرم مکانوں کو فرنیچر اور جملہ ساز و سامان سے

آراستہ کرتی ہے۔ ان کا اشتہار ہمیشہ ایک فقرے کا ہوتا ہے۔ "آپ فقط شادی کر لیجیے باقی سب انتظام ہمارے ذمہ یار۔"

ہمیں سودیشی اشتہاروں میں دو بہت پسند آئے۔ ایک دکان کا نام تھا "آپ کی دکان"۔ دوسرا اشتہار الیکشن کی چپقلش میں دیکھا۔ شہر میں صرف دو امیدوار تھے۔ فرض کیجیے ایک کا نام تھا بیربل اور دوسرے کا مُلا دو پیازہ۔ ایک عرصے سے وہ ایک دوسرے کے خلاف شور مچا رہے تھے۔ انتخاب کا نتیجہ خدا جانے کیا نکلا لیکن اشتہار بازی بلاذی میں بیربل صاحب نے ملاّ دو پیازہ کو پچھاڑ کر رکھ دیا۔ انھوں نے شہر بھر میں چھوٹی چھوٹی کتابیں تقسیم کروائیں۔ کتاب کا نام تھا "حضرت ملا دو پیازہ کی قومی خدمات"۔ کتاب کے سب صفحے خالی تھے۔ فقط آخری صفحے پر لکھا تھا "اب تک تو ملاّ دو پیازہ صاحب نے ملک کی کوئی خدمت نہیں کی۔ ہاں! آئندہ کچھ کیا تو ہم بخوشی درج کر دیں گے۔"

ایک پکچر کے ساتھ کارٹون دیکھا۔ نہایت ہی رنگ برنگا اور دلچسپ کارٹون تھا۔ سورج کو اپنے بستر میں آرام کرتے دکھایا گیا۔ وہ زور زور سے خراٹے لے رہا ہے۔ ایک فرشتہ آتا ہے اور سورج کے کمرے کے باہر یہ نوٹس لگا دیتا ہے "آج طلوع آفتاب چھ بجکر پانچ منٹ پر ہوگا۔" ساڑھے پانچ بجے الارم بجتا ہے۔ لیکن سورج جلدی

سے ٹائم پیس بند کر کے سو جاتا ہے۔ پونے چھ بجے سورج کا نوکر جاء لاتا ہے۔ سورج آنکھیں کھول کر دو چار انگڑائیاں لیتا ہے اور دوبارہ سونے کی کوشش کرتا ہے۔ نوکر کے بار بار جگانے پر مچل کر کہتا ہے "آج ہماری طبیعت اچھی نہیں ہے۔ جاؤ سب سے کہہ دو۔ آج ہم اپنی مرضی کے مطابق اٹھیں گے۔"

نوکر کہتا ہے "غضب ہو جائیگا حضور، باہر نوٹس لگ چکا ہے۔ صبح کا ستارہ مجھے الگ تنگ کر رہا ہے۔ آپ کے اٹھنے پر اسے چھٹی ملے گی۔ بیچارہ رات بھر نہیں سویا۔ ادھر دنیا والے آپ کا انتظار کر رہے ہیں۔"

سورج چلا کر کہتا ہے "ہمیں دِق مت کرو۔ ایک دفعہ کہہ دیا ہے کہ نہیں اٹھیں گے۔ بس جاؤ۔"

اُدھر دنیا میں سورج کا انتظار ہو رہا ہے۔ کلیاں، پھول، پتے سب جھوٹ موٹ خراٹے لے رہے ہیں۔ ویسے سب جاگ رہے ہیں اور بار بار کن انکھیوں سے مشرق کی طرف دیکھتے ہیں۔ تتلیاں بے تاب ہیں۔ پرندے، جانور، آدمی سب منتظر ہیں۔ لوگ اپنی گھڑیوں پر جھنجھلا رہے ہیں۔ اتنے میں چند لاریاں آ آتی ہیں اور بجلی کے بلب جگہ جگہ لگا دیتی ہیں۔ اس قدر روشنی ہو جاتی ہے کہ سورج کی ضرورت نہیں رہتی۔ ساری کائنات جاگ اٹھتی ہے اور دن اپنے ہنگامے اور شور و غل کیساتھ شروع ہو جاتا ہے۔

ساتھ ہی اس کمپنی کا نام بھی پردے پر آجاتا ہے، جس کے بلب ہیں۔ صرف کارٹون کے آخر میں ہمیں پتہ چلا کہ یہ تو اشتہار تھا۔

کارٹونی اشتہار بہت پسند کئے جاتے ہیں۔ ایک تو مختصر ہوتے ہیں اور دوسرے پُر مذاق۔

ایک کارٹون تھا کہ سٹیشن پر ایک گاڑی آکر رُکتی ہے ایک شخص گارڈ سے ملتا ہے اور سگار پیش کرتے ہوئے کہتا ہے ۔" میں پندرہ سال سے یہاں ہوں آج تک کبھی یہ گاڑی وقت پر نہیں آئی ہمیشہ لیٹ آتی ہے۔ آج پہلا موقعہ ہے کہ وقت پر آئی ہے ۔"

گارڈ کہتا ہے ۔" قبلہ یہ سگار اپنے پاس ہی رکھیے، یہ کل کی گاڑی ہے ۔"

نیچے لکھا ہے ۔" آپ اس جھنجھٹ میں پڑتے ہی کیوں ہیں ہماری بس سروس سے سفر کیجیے، جو کبھی لیٹ نہیں ہوتی ۔"

امریکن پرچوں میں بڑے دلچسپ اشتہار ہوتے ہیں۔ ایک اشتہار ملاحظہ ہو :۔

" آپ کے کتے کی قسمت !

کتے کا نام اور تاریخ پیدائش بھیج کر اسکی زندگی کے حالات اور قسمت معلوم کریں ۔"

ایک گائے کے فروخت کے سلسلے میں ایک صاحب لکھتے ہیں :۔

" ایک عجیب الطرفین، شریف الطبع، بیحد ذہین اور بلند خیالات کی گائے برائے

فروخت! یہ گائے حیوانی حسن کا نادر نمونہ ہے۔ اس کی آنکھیں چشم آہو کو مات کرتی ہیں۔ اس کی کمر اتفاق سے چیتا دیکھ پائے تو اپنی کمر سے اس قدر شرمائے کہ فوراً کہیں جا کر ڈوب مرے۔ ملک کے سرسبز مرغزاروں اور لالہ زاروں میں پروان چڑھی ہے۔ قابل ترین گوالوں کے زیر سایہ اس کی تربیت ہوئی ہے۔ وقت کی پابند، نیک خصلت، مزاج کی حلیم ــــ" وغیرہ وغیرہ۔

ایک اور نیا طریقہ یہ ہے کہ ایک تصویر بنا کر نیچے لکھ دیتے ہیں کہ بتائیے اس تصویر میں پانچ فاش غلطیاں کون کونسی ہیں۔ تصویر میں کئی غلطیاں ہوتی ہیں مثلاً ایک بچہ پنجرے میں بند ہے اور اسے چوری کھلائی جا رہی ہے۔ ایک صاحب کانٹے چھری سے چائے پی رہے ہیں۔ ایک صاحب بجلی کے بلب سے سگریٹ سلگانے کی کوشش کر رہے ہیں۔

اشتہار کے آخر میں لکھا ہے "اس اشتہار میں یوں تو بیشمار غلطیاں ہیں لیکن سب سے بڑی غلطی یہ ہے کہ چائے کی میز پر ہمارے مشہور و معروف بسکٹ موجود نہیں ہیں۔"

ریڈیو پر جو تقریریں ہوتی ہیں ان میں بھی اشتہار بازوں کا ہاتھ ہوتا ہے۔ وہ مقرروں سے طے کر لیتے ہیں اور مقرر اپنی تقریر کچھ اس طرح ختم کرتا ہے ــ

"خواتین و حضرات! اب میں آپ کو شب بخیر کہہ کر گھر جاؤں گا اور سونے سے پہلے فلاں برش اور فلاں منجن سے اپنے دانت صاف کروں گا۔ یہ دونوں چیزیں دنیا میں بہترین ہیں۔ (یا یہ کہا۔ میں فلاں سگریٹ پیوں گا، جو بہترین سگریٹ ہے۔"

سینما میں بھی اسی طرح کیا جاتا ہے۔ ہیرو وہی سگریٹ پیئے گا جس کا اشتہار سگریٹ کی کمپنی دینا چاہتی ہے۔ ہیروئن کار میں بیٹھے گی، یہ وہی کار ہو گی جس کے اشتہار کے لیے معاوضہ دیا گیا ہے۔

لیکن "منظور ہے گذارشِ احوالِ واقعی" پڑھتے ہی نہ جانے کیوں دل گواہی دینے لگتا ہے کہ جو کچھ نیچے جڑی بوٹیوں کے متعلق لکھا ہے وہ جھوٹ ہے۔

"پھر نہ کہنا ہمیں خبر نہ ہوئی" پڑھ کر ہم دل میں دوہراتے ہیں کہ اچھا نہیں کہیں گے اور اشتہار نہیں پڑھتے۔

ایک اور سرخی ہے "مت پڑھیے، ورنہ آپ بھی ہماری طرح بادشاہی مہندی پر عاشق ہو جائیں گے۔"

دوسری سرخی ہے "آپ کو خدا کی قسم! یہ سطریں ضرور پڑھیے!"

عجیب کش مکش میں پڑ جاتے ہیں، کسے خوش کریں اور کسے ناراض۔

"مبلغ پچاس ہزار روپے نقد انعام" پڑھتے ہی ہمیں یقین سا ہو جاتا ہے کہ یہ انعام نہ تو آج تک کسی کو ملا ہے اور نہ انشاء اللہ قیامت تک ملے گا۔

"کہتی ہے ہم کو خلقِ خدا غائبانہ کیا" کو ہم ہمیشہ غلط پڑھتے ہیں۔ غائباً کو الگ پڑھتے ہیں اور "نہ کیا" کو الگ یعنی غائب نہ کیا۔ سوچتے ہیں کہ غائب کر دیتے تو

بہتر تھا۔

مرادآباد کا نام سنتے ہی ہمیں وہ مُردہ یاد آجاتا ہے جو زندہ ہو گیا تھا اور غالباً ہر روز زندہ ہوتا ہے۔ بڑا جی چاہتا ہے کہ دیکھیں تو سہی مردہ کیونکر زندہ ہوا تھا؟ کس سلسلے میں زندہ ہوا تھا؟ ہمت کر کے یہ طویل اشتہار پڑھ ہی ڈالیں۔ لیکن آج تک یہ سعادت نصیب نہیں ہوئی۔

"اس کے پڑھنے سے بہتوں کا بھلا ہو گا" کی سُرخی دیکھتے ہی ہمارا دل گھبرانے لگتا ہے اور جی میں آتا ہے کہ اخبار چھوڑ چھاڑ کر کہیں بھاگ جائیں۔ بچپن سے ہم اس اشتہار کو جُوں کا توں دیکھ رہے ہیں۔ اسے پڑھا تو ہم نے آج تک نہیں لیکن یہ یقین ہے کہ اس میں ایک حرف کی ردّ و بدل نہیں ہوئی۔

شادی کے اشتہار پڑھ پڑھ کر اب ہمیں ہر لڑکی پڑھی لکھی، تندرست، قبول صورت، سگھڑ، امورِ خانہ داری میں ماہر اور کفایت شعار معلوم ہوتی ہے۔ اور ہر نوجوان صحت مند، شریف، نیک چلن، تعلیم یافتہ اور برسرِ روزگار نظر آتا ہے اور ہر کنبہ اعلیٰ، مشہور اور کھاتا پیتا دکھائی دیتا ہے۔

کاش کہ فنِ اشتہار بازی کو ترقی دینے کی کوشش کی جائے اور اس فن کا بغور مطالعہ کیا جائے۔

اشتہاروں میں جدت ہو، مزاح ہو، دلچسپیاں ہوں۔

کسی قدرتی نظارے کی آمیزش ہو، جیسے ——

"جب مغرب میں سورج غروب ہوتا ہے تو بڑے چوک میں سرخ گنبد کا سایہ تھرتھراتا ہوا حاجی کریم بخش اینڈ سنز کی دکان تک جا پہنچتا ہے اور شیشوں میں سے جھانک کر طرح طرح کے کھلونوں کو دیکھتا ہے جو شہر بھر سے سستے ہیں۔"

کوئی اچھا سا شعر آجائے ۔ مثلاً ۔

" ستاروں سے آگے جہاں اور بھی ہیں
ابھی عشق کے امتحاں اور بھی ہیں

یہ شعر واقعی نہایت اچھا شعر ہے کیونکہ یہ امتحانوں کی اہمیت کو ظاہر کرتا ہے۔ اگر آپ بھی کوئی امتحان دے رہے ہوں تو لالہ دین دیال اینڈ برادرز کے ہاں سے خلاصے خرید یئے ؟

کسی لطیفے کی چاشنی ہو سکتی ہے۔

" استاد نے قطب شمالی اور رینڈیر کا ذکر کرتے ہوئے ایک بچے سے پوچھا "بتاؤ وہ کون سا جانور ہے جو سردیوں میں پوشاک عطا کرتا ہے اور گرم رکھتا ہے، سواری مہیا کرتا ہے اور خوراک کا انتظام کرتا ہے ۔"

بچے نے جواب دیا "ابا جان !"

بچے کا جواب غلط ہے یا صحیح ۔ یہ آپ خود سوچ لیجئے۔ لیکن آپ کو پوشاک ،

اشیائے خورد و نوش، حجامت کا سامان، الغرض جس چیز کی بھی ضرورت ہو ہمارے سٹور میں تشریف لائیے۔"

ایک آدھ کہاوت بھی آ جائے ——

"مثل مشہور ہے کہ دور کے ڈھول سہانے —— لیکن ہمارے ڈھول نزدیک سے بھی سہانے معلوم ہوتے ہیں۔ آپ ہمارے ہاں اعلیٰ درجے کے ڈھول طبلے ہارمونیم اور سارنگیاں خریدیئے۔"

—— وغیرہ وغیرہ!

شیطان اور کوہ ہمالیہ

رات کے نو بجے تھے۔ کلب میں پروفیسر جالینوس کا لیکچر تھا۔ موضوع کچھ ایسا تھا کہ آخر میں 'آت'، 'آنا' تھا۔ جمادات، سیاسیات یا نباتات۔ میں نے گھڑی دیکھی اور شیطان بولے ـــ "گھڑی گھڑی گھڑی مت دیکھو۔"

پروفیسر صاحب کو لیکچر شروع کئے بمشکل آدھ گھنٹہ گزرا ہوگا لیکن یوں معلوم ہوتا تھا جیسے برسوں سے بول رہے ہیں۔ سننے والے جمائیاں لے رہے تھے۔ میں نے بڑی ترکیب سے وقت دیکھا۔ اور شیطان نے پھر کہا ـــ "کہہ جو رہا ہوں کہ گھڑی گھڑی مت دیکھو، گھڑی کی طرف۔"

"تو پھر کیا کروں؟ ـــ اچھا جب لیکچر ختم ہو جائے تو جگا دینا۔" اور میں کرسی پر باقاعدہ لیٹ گیا۔

شیطان جھلا کر بولے ـــ "سب تمہیں دیکھ رہے۔ تم سو مت۔ میں لیکچر ابھی ختم کرائے دیتا ہوں۔"

یہ کہہ کر شیطان نے بڑی تیزی سے اپنی گھڑی دیکھنی شروع کر دی۔ غالباً

ایک منٹ میں پندرہ بیس مرتبہ۔ اور ہر بار اس انداز سے کلائی آنکھوں کے سامنے لاتے کہ سب دیکھ لیں، بار بار گھڑی کو کان کے پاس لیجا کر سنتے کہ کہیں بند تو نہیں ہو گئی۔ اس کے بعد کلائی کو خوب جھٹکتے۔ پروفیسر جالینوس کا لیکچر اپنے شباب پر تھا۔ یکایک ان کی نگاہ شیطان پر پڑ گئی۔ بولے ـــــ "خواتین و حضرات! اب مجھے احساس ہے کہ میں آپ کا کافی وقت ضائع کر چکا ہوں۔ لیکن میرے پاس گھڑی نہیں ہے اور نہ اس کمرے میں کوئی کلاک ہے۔ اس لیے وقت کا اندازہ ـــــ"

"کوئی بات نہیں،" شیطان بولے "دہنے ہاتھ ایک کیلنڈر لگا ہوا ہے اسے استعمال فرمائیے۔"

پروفیسر صاحب اُسی جوش و خروش سے بول رہے تھے۔ بلکہ پہلے سے بھی کچھ تیز ہو گئے۔ اس وقت گھوڑوں کے متعلق کچھ کہہ رہے تھے۔ دفعتہً انہوں نے کڑک کر کہا۔ "آپ اندازہ لگا سکتے ہیں کہ گھوڑے کے احساسات کیا ہوں گے؟"۔

یہ کہہ کر حاضرین کی طرف دیکھا۔ ایک مرتبہ پھر یہی فقرہ دُہرایا تو شیطان اٹھ کر بولے۔ "صاحب مجھے کیا پتہ مجھے گھوڑا بننے کا کبھی اتفاق نہیں ہوا۔"

شور ختم ہوتے ہی پروفیسر صاحب پچاس الفاظ فی سیکنڈ کی رفتار سے اُڑے جا رہے تھے۔ اب شاید ہندوستانی رسم و رواج کا ذکر ہو رہا تھا۔ انہوں نے کڑک کر پوچھا۔ "کیا آپ اندازہ لگا سکتے ہیں کہ بیچاری ہندوستانی دلہنیں کیا سوچتی ہوں گی؟" اور حاضرین کی طرف دیکھا۔

شیطان فوراً بولے ـــــ "جناب، میں کیا کہہ سکتا ہوں۔ مجھے ہندوستانی دلہن بننے کا اتفاق نہیں ہوا۔"

اس کے بعد جب کبھی پروفیسر صاحب اس قسم کا سوال حاضرین سے پوچھتے شیطان فوراً اٹھ کر اسی قسم کا جواب دے دیتے۔ خدا خدا کر کے لیکچر ختم ہوا اور صدر صاحب نے کہا: "اب روفی صاحب اسی موضوع پر تقریر کریں گے۔" سب لوگ تالیاں بجانے لگے۔ شیطان کی تقریر کا مجھے بالکل علم نہیں تھا۔ نہ میں نے ان کو تیاری کرتے دیکھا۔ شیطان مسکراتے ہوئے سٹیج پر پہنچے اور بولے "خواتین و حضرات! تقریر تو آپ سن چکے ہیں۔ اور اس حد تک محفوظ ہو چکے ہیں کہ اب کسی مزید تقریر کی ضرورت نہیں ہے۔ میں آپ کو ایک عجیب و غریب واقعہ سناتا ہوں۔ کچھ عرصے کا ذکر ہے کہ میں رات کے وقت ریل میں سفر کر رہا تھا۔ میرے ساتھ ایک پُراسرار سا شخص تھا۔ وہاں ہم دو ہی مسافر تھے۔ میری آنکھ لگ گئی جب جاگا تو دیکھتا ہوں کہ وہ مسافر غائب ہے اور ساتھ ہی میرا سامان بھی غائب ہے۔ فقط ایک چھوٹا سا ڈبہ پڑا تھا۔ جسے وہ بھول گیا تھا۔ میں نے سوچا کہ چلو یہی غنیمت ہے۔ دیکھنے میں وہ ایک معمولی سا ڈبہ تھا اور باہر سے دیکھ کر کوئی نہیں بتا سکتا تھا کہ اس کے اندر کیا ہوگا۔ اگلے روز ایک دوست کی سالگرہ تھی۔ میں نے وہی ڈبہ تحفہ پیش کر دیا۔ اس شام کو میرے دوست نے مجھے علیحدہ بلا کر بہت بہت شکریہ ادا کیا اور کہا کہ اس قدر قیمتی تحفہ دینے کی کیا ضرورت تھی؟ اس

ے ڈبہ واپس کرنا چاہا لیکن میں نے نہ لیا۔ اُس نے اپنے کسی دوست کی سالگرہ پر وہی ڈبہ پیش کر دیا۔ نتیجہ یہ ہوا کہ دونوں دوستوں میں خوب لڑائی ہوئی اور ڈبہ واپس آگیا۔ میرے دوست نے اپنی منگیتر کی سالگرہ پر اُسے دیدیا۔ اُن دونوں کی کھٹ پٹ ہوگئی تھی لیکن اس تحفے سے ساری رنجشیں دور ہوگئیں۔ میرے دوست کی منگیتر نے وہ ڈبہ اپنی کسی سہیلی کی سالگرہ پر اُسے دیدیا اور سہیلیاں آپس میں خوب لڑیں۔ لیکن اس سہیلی نے ڈبہ واپس نہ کیا بلکہ اپنے منگیتر کو دیدیا۔ منگیتر کچھ ناراض سا تھا۔ ڈبہ ملتے ہی ساری ناراضگی جاتی رہی اور صلح ہوگئی ——

سو خواتین و حضرات! وہ ڈبہ باری باری ایک دفعہ صلح کراتا تھا تو دوسری دفعہ جنگ!

"اس ڈبے کے اندر کیا تھا؟" ایک طرف سے آواز آئی۔

"ہاں! اُس ڈبے میں کیا تھا؟" کئی آوازیں آئیں۔

"پتہ نہیں کیا تھا —— اس وقت بالکل یاد نہیں رہا۔" شیطان سر کھجاتے ہوئے بولے۔

سب کے سب شیطان کے پیچھے پڑ گئے —— کہ بتاؤ اس ڈبے میں کیا تھا۔ اور شیطان معصوم شکل بنائے کھڑے تھے اور بار بار کہتے تھے کہ بھول گیا۔ واپسی پر کئی حضرات نے ہمارا تعاقب کیا اور یہی سوال پوچھا۔

جب ہم کلب سے کافی دور نکل آئے تو میں نے پوچھا —— مجھے تو بتادو کہ اس ڈبے میں کیا تھا؟"

"پتہ نہیں کیا تھا۔" وہ بولے "یاد نہیں رہا۔"

چڑھائی چڑھتے چڑھتے شیطان دفعتہً ٹھہر گئے۔ ایک طرف اشارہ کر کے بولے۔

"یہ کوٹھی ہے اُن کی!"

"کن کی؟"

"اب تمہیں کس طرح سمجھاؤں کن کی ـــــ" یہ کہہ کر شیطان نے ٹھنڈا سانس بھرا اور آسمان کی طرف دیکھنے لگا۔

"خبردار! کہیں تم عاشق تو نہیں ہو رہے ہو؟" میں نے گھبرا کر کہا۔

"ہو کیا رہا ہوں، ہو چکا۔ کبھی کا ہو چکا۔"

نہ مجھے عشق و محبت سے خدا واسطے کا بیر ہے اور نہ عاشقوں سے دشمنی۔ لیکن ہر چیز موقعے پر اچھی لگتی ہے۔ یہ کیا کہ ہم تو پہاڑ پر سیر کرنے آئیں اور شیطان بجائے سیاحت کے عاشق ہونا شروع کر دیں اور میرے پروگرام کا ستیاناس کر کے رکھ دیں۔

"روفی! مجھے اس میدان میں خود تو تجربہ نہیں ہے لیکن میں نے اس مضمون پر بیشمار کتابیں پڑھی ہیں میں نے ڈان جوآن، کیزا نووا، بائرن اور دیگر چیمپئن عاشقوں کے متعلق بھی پڑھا ہے۔ لیکن تم ان سب کو مات کر گئے ہو۔ اس مہینے میں تم دس مرتبہ عاشق ہوئے ہو یا شاید گیارہ دفعہ میرے خیال میں یہ ریکارڈ ہے ـــ بس!"

"لیکن اس مرتبہ میں اس بری طرح گھائل ہوا ہوں کہ کیا بتاؤں۔" شیطان دونوں ہاتھ سینے پر رکھ کر بولے ـــ "اصلی اور حقیقی محبت تو اس دفعہ ہوئی ہے۔ وہ اس کوٹھی میں رہتی ہیں اور اتنی حسین ہیں کہ اگر تم دیکھ پاؤ تو خود عاشق ہو جاؤ۔"

"شکریہ! میں میدانوں کا باشندہ ہوں۔ مجھے پہاڑوں پر — !"

"واہ! اگر کوہ ہمالیہ پر عشق نہ کیا تو پھر کہاں کریں گے۔" شیطان بولے۔

"اب یہاں سے ہلو گے بھی یا منجمد ہونے کا ارادہ ہے۔" میں سردی سے ٹھٹھر رہا تھا۔

"تم ہمیشہ رنگ میں بھنگ اور بھنگ میں رنگ ملا دیتے ہو۔ اچھا چلو۔ کل یہاں آئیں گے۔"

"ان لوگوں سے ملاقات ہو گئی کیا؟" میں نے پوچھا۔

"ہو گئی۔ اگلے مہینے جو کھیل کود ہو رہی ہے اس کے ٹکٹ فروخت کرنے گیا۔ وہیں ان کو دیکھا اور اُن کے ابا سے خوب باتیں ہوئیں۔ چلتے وقت انہوں نے کہا کہ کبھی پھر بھی آنا۔"

"کیسے ہیں؟"

"انہیں جانوروں، پرندوں اور شہد کی مکھیوں کا بے حد شوق ہے۔ لیکن سب سے زیادہ شوق بھوتوں کا ہے۔ بھوتوں کے متعلق گفتگو کرنا ان کا محبوب ترین موضوع ہے۔ وہاں چند کتابیں بھی دیکھیں جن کے موضوع کچھ یوں تھے — "بھوتوں کے افسانے" "ملفوظات جن" "نئے بھوت" "چڑیلیں اور سماج"۔"

"تو اس مرتبہ کیا ارادہ ہے؟ یہ محبت کتنے دن چلے گی؟"

"عمر بھر رہے گی۔" شیطان بولے۔ "اس مرتبہ میں واقعہ سنجیدہ ہوں۔ اگر وہ لوگ مان گئے تو پھر —"

"اچھا؟"

"ہاں!"

اپنے کمرے میں پہنچے۔ شیطان کی ڈاک رکھی تھی۔ ایک خط کھول کر عجیب سا منہ بنالیا۔

"کیا ہوا؟" میں نے پوچھا۔

شیطان نے خط دکھایا۔ کسی خاتون نے ان کو لکھا تھا —— "اگر تم نے میری چھوٹی بہن کو خط لکھنے بند نہ کیے تو میں تمہیں کچا چبا جاؤں گی۔"

شیطان میری طرف دیکھنے لگے۔

"لعنت بھیجو، مت لکھا کرو اُسے خط۔" میں نے مشورہ دیا۔

"لیکن کِسے خط نہ لکھا کروں؟ کس کی چھوٹی بہن؟ لکھنے والی نے نہ تو اپنا نام لکھا ہے نہ اپنی چھوٹی بہن کا۔ اب میں اپنی ڈاک بند کرنے سے تو رہا۔"

دوسرا خط کھولا، وہ بھی کچھ ایسا ہی تھا۔ ایک خاتون نے ناراض ہو کر لکھا تھا۔

"براہِ کرم میری تصویر واپس بھیج دیجیے اور آئندہ مجھے خط نہ لکھیے۔"

"بھیج دو اس کی تصویر۔" میں نے کہا۔

"یوں نہیں ذرا اچھی طرح بھیجیں گے۔" وہ بولے۔

دو تین گھنٹے کی تلاش کے بعد میز پر بہت سی تصویریں اکٹھی ہو گئیں۔ لڑکیوں کے فوٹو، ایکٹرسوں کی تصویریں، اخباروں سے کاٹی ہوئی تصویریں۔ شیطان نے پچیس تیس

تصویریں چن کر ایک لفافے میں بند کیں اور لکھا ــــ "محترمہ! یقین فرمایئے کہ میں بالکل بھول گیا ہوں کہ آپ کی تصویر کیسی تھی ؛ چنانچہ یہ تصویریں ارسال ہیں۔ ان میں سے آپ اپنی تصویر رکھ لیں اور باقی ماندہ تصویریں حفاظت سے واپس بھیج دیں۔"

جب شیطان کا کنبہ پہاڑ پر آیا تو شیطان مجھے بھی ساتھ گھسیٹ لائے۔ کنبہ کچھ عرصے کے بعد چلا گیا لیکن ہم ٹھہر گئے۔ بہت بڑی کوٹھی تھی۔ میں نے مشورہ دیا کہ ایک دو کمرے ہم لے لیں باقی بند کر دیں۔ لیکن شیطان مصر تھے کہ پوری کوٹھی استعمال کی جائے۔ چنانچہ ہم دو علیحدہ علیحدہ کمروں میں رہتے۔ ایک کمرہ سگریٹ نوشی کے لیے مخصوص تھا۔ ایک ناشتے کے لیے، ایک دوپہر کے کھانے کا۔ ایک سہ پہر کی چائے کا، ایک رات کے کھانے کا، مطالعہ کرنے کے لیے بھی ایک کمرہ تھا۔

جب شیطان شب بخیر کہہ کر اپنے کمرے میں جلنے لگے تو میں نے ایک مرتبہ پھر ان کو اس عشق و محبت کے سلسلے میں ٹوکا۔ لیکن وہ ایک لمبا سانس لے کر بولے۔

"میرا کوئی قصور نہیں، یہ اس خنک فضا اور کم ٹمپریچر کا اثر ہے۔ سطح سمندر سے سات آٹھ ہزار فیٹ کی بلندی کا اثر ہے۔ اس لطیف ہوا کا اثر ہے۔ جس میں کثرت سے اوزون پائی جاتی ہے۔ یہ سارا کوہ ہمالیہ کا قصور ہے۔"

اگلے سہ پہر کو ہم دونوں نے اُسی کوٹھی کا رُخ کیا۔ ہمارے ساتھ ہمارے پڑوسیوں کا لمبا چوڑا کتا بھی تھا جسے شیطان کبھی کبھی سیر کرانے لے جایا کرتے تھے۔ ابھی ہم پھاٹک تک ہی پہنچے تھے کہ آواز آئی ——— ”ذرا اپنے کتے کو وہیں تھام کر رکھیے۔“

پھر آواز آئی ”اپنے کتے کو اتنی دیر تک پکڑے رکھیے، جتنی دیر تک خرگوش باغ میں نہ پہنچ جائیں۔“

ہم نے کتے کو پکڑ لیا۔ آگے بڑھ کر دیکھتے ہیں کہ کوئی پچیس تیس خرگوش قطار باندھے باقاعدہ مارچ کرتے ہوئے باغیچے کی طرف جا رہے ہیں۔ ایک طرف کوئی پچاس ساٹھ بلیاں بالکل اٹینشن کھڑی ہیں۔ کچھ چوہوں کی قسم کے جانور اِدھر اُدھر پھر رہے ہیں۔

ہم اندر پہنچے۔ ایک بزرگ بیٹھے بلیوں کا راشن تقسیم کر رہے تھے۔ چند طوطے ان کے کندھوں پر بیٹھے شور مچا رہے تھے۔ دو تین مور ایک طرف مودبانہ کھڑے اپنی باری کے منتظر تھے۔ ہمارا تعارف ایک صاحب سے کرایا گیا جو کچھ دیر شیطان کو بغور دیکھتے رہے پھر بولے ”میرا خیال ہے کہ میں نے آپ کو کہیں دیکھا ہے۔“

”آپ کا خیال صحیح ہے۔ ضرور دیکھا ہوگا۔ میں اکثر وہاں جایا کرتا ہوں۔“

چائے پر ہمیں شہد لگے ہوئے ٹوسٹ ملے شیطان کے ٹوسٹ پر بالکل ذرا سا

شہد لگا ہوا تھا۔

اُنہوں نے پہلے ٹوسٹ کا بغور ملاحظہ فرمایا پھر بزرگ سے بولے ـــــ "یہ معلوم کر کے بڑی خوشی ہوئی کہ آپ نے ایک شہد کی مکھی بھی پال رکھی ہے۔"

"ایک شہد کی مکھی؟"

"جی ہاں ایک! جس کا یہ شہد ہے۔"

فوراً شیطان کے سامنے شہد کا مرتبان رکھ دیا گیا۔

ہمیں خرگوشوں کے نام بتائے گئے۔ ہر ایک خرگوش کا الگ الگ نام تھا۔ ایک بلی دکھائی گئی جس کی کبوتروں سے بڑی گہری دوستی تھی، وہ کبوتروں کی رکھوالی کرتی تھی۔

شیطان نے موقعہ پاکر بھوتوں کا ذکر شروع کر دیا۔ بھوتوں کی قسمیں، اُن کے رسم و رواج ان کی معاشرت، بھوتوں کا مالی نظام، غرضیکہ بھوتیات پر خوب بحث ہوئی۔

"کیوں قبلہ! بھوت کتنی بلندی تک پایا جاتا ہے؟" شیطان نے پوچھا۔

"نو دس ہزار فیٹ تک تو میں نے خود بھوت دیکھے ہیں، دار جیلنگ کی ٹائیگر ہل پر۔" وہ بولے۔

"سنا ہے کہ لوگوں نے کنچن چنگا اور ماؤنٹ ایورسٹ پر بھی بھوت دیکھے ہیں" شیطان نے کہا۔

"برخوردار! معلوم ہوتا ہے کہ تم بھوتوں میں نہ صرف دلچسپی ہی لیتے ہو، بلکہ تم نے ان کا کافی مطالعہ بھی کیا ہے۔" ان کی باچھیں کھل گئیں۔

"کچھ نہ پوچھئے، مَیں تو بھوتوں پر عاشق ہوں۔ محض اُن کے لیے زندہ ہوں۔ میں نے ہندوستان کے ہر حصے کے بھوت دیکھے ہیں۔ یہاں بھی کل رات چند بھوتوں سے واسطہ پڑا۔"

"اچھا؟ تو یہاں بھی بھوت ہیں؟" بزرگ چہک کر بولے۔

"بھوت کہاں نہیں ہیں؟" شیطان نے مسکرا کر کہا۔

شام ہو چلی تھی۔ اصرار کیا گیا کہ ہم کھانا وہیں کھائیں۔ بھلا شیطان کو کیا عذر ہو سکتا تھا۔ ہمارا تعارف بچوں سے ہوا۔ بچے سکول کا کام کر رہے تھے۔ ایک بچی نے شیطان سے پوچھا ——" بھائی جان شتر مرغ کیا ہوتا ہے؟"

"ڈکشنری میں ڈھونڈ دیکھی۔" شیطان بولے۔

اتنے میں ننھے میاں ایک کاپی لائے اور بولے "میں نے ابا جان کو خط لکھا ہے۔ دیکھئے صحیح ہے نا؟"

شیطان نے بغور مطالعہ کیا اور بولے "باقی سب صحیح ہے، صرف شروع کا ایک فقرہ بدل دو۔ جہاں تم نے لکھا ہے —— بعد آدابِ فرزندانہ بجا کر عرض ہے —— اس کی جگہ لکھو —— ڈھول بجا کر عرض ہے۔"

"کہاں آ پھنسے" میں نے آہستہ سے کہا "چلو یہاں سے۔"

دوسرے کمرے میں پہنچے۔ وہاں بالکل اندھیرا تھا۔ بجلی کے سوئچ وغیرہ کا پتہ بھی نہ چلتا تھا۔ ناچار اندھیرے میں ہی بیٹھ رہے۔ برآمدے سے بزرگ نے کچھ کہا۔ غالباً وہ شیطان سے کتے کے بارے میں کچھ پوچھنا چاہتے تھے۔ شیطان چپ رہے۔ اُنہوں نے پھر پوچھا۔

یہ بدستور چپ رہے۔ جب انہوں نے تیسری بار پوچھا تو شیطان بولے "معاف کیجئے قبلہ! یہاں اس قدر اندھیرا ہے کہ میں کچھ نہیں سن سکتا۔"

اور کمرہ فوراً روشن کیا گیا۔ کھانے پر ہم بقیہ خواتین و حضرات سے ملے۔ جب ہم واپس آ رہے تھے تو شیطان کا مارے خوشی کے برا حال تھا۔

چیڑ کے درختوں سے چاند طلوع ہو رہا تھا۔ شیطان کچھ دیر چاند کو دیکھتے رہے۔ پھر لمبا سانس لے کر بولے "آہ چاندنی، محبت، موسیقی اور کوہ ہمالیہ۔"

"یہ کوہ ہمالیہ کو تم ہر بار کیوں گھسیٹ لیتے ہو؟" میں نے چڑ کر پوچھا۔

"تمہارا تجربہ محدود ہے، لہٰذا خیالات بھی محدود ہیں۔" شیطان نے جواب دیا۔

ایک شام کو شیطان نے بتایا کہ کل صبح وہ لوگ پک نک پر جا رہے ہیں۔ اور ہمیں بھی مدعو کیا گیا ہے۔ علی الصبح ہم ان کے ہاں پہنچے۔ وہ سب تیار تھے۔ باغیچے میں موٹر کھڑی تھی۔

"کسی کو موٹر چلانی آتی ہے؟" بیگم نے پوچھا۔

"ہاں مجھے آتی ہے!" شیطان نے ہاتھ کھڑا کر کے جواب دیا۔ میں متعجب تھا کیونکہ شیطان کو موٹر کیا، اچھی طرح بیل گاڑی بھی چلانی نہیں آتی تھی۔

"تو آج تم چلاؤ۔ ڈرائیور بازار گیا تھا، وہیں رہ گیا۔"

اب شیطان ٹھٹھکے۔ بولے "مجھے اچھی طرح چلانی نہیں آتی۔ بس یونہی معمولی سی آتی ہے۔"

"بازار تک بالکل سیدھا راستہ ہے۔ وہاں تک لے چلو۔ وہیں ڈرائیور بھی مل جائے گا۔"

"بات یہ ہے کہ میں نے تھوڑی سیکھی ہے۔ بالکل معمولی سی آتی ہے۔"

"کوئی مضائقہ نہیں ــــ آؤ۔"

شیطان آگے بڑھے۔ موٹر کو ادھر اُدھر سے سونگھا، پھر مسکرا کر بولے "جی بات دراصل یہ ہے کہ مجھے ابھی تک صرف ہینڈل گھمانا سکھایا گیا ہے۔ باقی چیزیں بھی بہت جلد سیکھ لوں گا۔"

شیطان، میں اور ننھا تینوں ڈرائیور کی تلاش میں نکلے۔ ایک دکان دیکھ کر شیطان کو چاکلیٹ خریدنے یاد آ گئے۔ دکان پر نوٹس لگا ہوا تھا ــــ "کتوں کو اندر لانے کی اجازت نہیں ہے۔" شیطان ننھے سے بولے ــــ "اچھا بھئی ننھے تم ذرا باہر ٹھہرو۔ ہم ابھی واپس آتے ہیں۔" اور ننھا مچل گیا۔ بڑی مشکلوں سے چپ کرایا اور ڈرائیور کی تلاش شروع ہوئی۔

واپس پہنچ کر ہمیں معلوم ہوا کہ وہ لوگ پہاڑی راستے سے چلے گئے ہیں۔

کار لے کر چلے، آٹھ دس میل کا راستہ تھا۔ ہم نہایت ہی پُر فضا مقام پر پہنچ گئے۔ وہاں چند جھیلیں بھی تھیں۔ بزرگ کو مچھلیاں پکڑنے کا بے حد شوق تھا۔ وہ ساز و سامان ساتھ لائے تھے۔ شیطان کو غالباً مچھلیاں پکڑنے سے کوئی خاص دلچسپی نہ تھی۔ ان کا خیال تھا کہ اگر انسان پوست یا بھنگ کا ایک پیالہ چڑھا کر کسی تالاب کے کنارے مچھلیاں پکڑنے بیٹھ جائے تو دن اچھی طرح گزر سکتا ہے۔

لیکن چونکہ بزرگ اس قدر مشتاق تھے اس لیے شیطان کو بھی شریک ہونا پڑا۔
ہم سب کانٹے پانی میں پھینک کر بیٹھ گئے جو بولتا شیطان ایک لمبی سی ہشت سے اُسے چپ کرا دیتے۔

تھوڑی دیر بعد جمائیاں آنی شروع ہوگئیں شیطان گھاس پر لیٹ گئے اور آنکھیں بند کرلیں۔

"تم سو جاؤ۔" میں نے ازراہِ ہمدردی کہا۔ "جب کوئی مچھلی پھنسے گی میں تمہیں جگا دونگا۔"

"تو گویا آپ کو یہ بھی امید ہے۔ میں نے خاص طور پر ایسا تالاب چُنا ہے جس میں مچھلی تو ایک طرف مینڈک بھی نہیں ملے گا۔"

"تو پھر مچھلیاں پکڑنے بیٹھے کیوں تھے؟" بزرگ نے پوچھا۔

"یونہی ذرا ستانے کے لیے — !" یہ کہہ کر انہوں نے آنکھیں بند کرلیں۔

ذرا سی دیر میں شیطان کی ڈور ہلنے لگی۔ "روفی!" میں چلّایا۔ "ڈور ہل رہی ہے!"

وہ بیزار ہو کر اٹھے اور انگڑائی لے کر بولے — "تم چین سے سونے نہیں دوگے اور اِدھر یہ مچھلیاں — معلوم ہوتا ہے میں نے غلط تالاب چنا ہے۔"

محبوبۂ شیطان خوب ہنس رہی تھیں۔ شیطان کی ایک ایک بات پر وہ کھلکھلا پڑتیں لیکن نہ جانے مجھے وہ کیوں ناپسند تھیں۔

ہم سب سٹرابری توڑنے نکلے۔

اتنے میں ہم نے دیکھا کہ محبوبۂ شیطان اکیلی جا رہی ہیں۔ شیطان مجھے چھوڑ کر اُن کی طرف لپکے۔ میں نے جتنی سٹرابری توڑیں سب کھا لیں۔ پانچ چھ دانے ہاتھ میں لے کر

واپس لوٹا۔ گراموفون بج رہا تھا اور کھانے کی تیاریاں ہو رہی تھیں۔ اتنے میں شیطان اور محبوبہ شیطان آ پہنچے۔ شیطان نے بتایا "آج میں اس قدر پیدل چلا ہوں اور اتنا تھک گیا ہوں کہ بعض اوقات مجھے یہ محسوس ہوتا تھا کہ محض حافظے کے زور سے چل رہا ہوں۔" اور انہوں نے کوئی تین چار سیر سٹرابری گھاس پر الٹ دیں۔ "ارے! سب چونک کر بولے۔ "اتنی ساری کیونکر توڑ لیں؟"

اور ریکارڈ بج رہا تھا — "آج ہمالہ کی چوٹی سے ہم نے پھر للکارا ہے۔ دور ہٹو اے دنیا والو ہندوستان ہمارا ہے" — شیطان بولے۔ "یہ سنا آپ نے؟ گانے والا ہمالیہ کی کسی چوٹی پر چڑھ چکا ہے۔ اُس نے یہ نہیں بتایا کہ کونسی چوٹی تھی؟ کنچن جنگا، ماؤنٹ ایورسٹ، یا کوئی اور؟ جن چوٹیوں پر بڑے بڑے سیاح نہ چڑھ سکے ہمارا گویا جا چڑھا لیکن ایسی تنہا جگہ سے للکارنے کا کیا فائدہ؟"

بزرگ سٹرابری کھا رہے تھے — بُرا سا منہ بنا کر بولے "برخوردار، یہ تو باسی معلوم ہوتی ہیں۔" اور شیطان فوراً مان گئے کہ وہ مول لائے ہیں۔

شام کو واپس ہوئے تو بزرگ موٹر چلا رہے تھے۔ راستے میں ہم نے دیکھا کہ دو آدمی تار کے کھمبے پر چڑھ رہے ہیں۔ غالباً مرمت کے سلسلے میں۔

شیطان بزرگ سے بولے — "یہ دیکھا آپ نے؟ یہ بیوقوف خواہ مخواہ ڈر رہے ہیں۔ یہ سمجھتے ہیں کہ آج آپ پہلی مرتبہ موٹر چلا رہے ہیں۔"

"موٹر خوب تیز چل رہی ہے"، کسی نے کہا۔

"تیز کیوں نہ ہو۔ گھر کی طرف جو جا رہی ہے۔" شیطان بولے

"آج کی سیر کیسی رہی؟" کسی نے شیطان سے پوچھا۔

"آج میں اتنے اچھے اچھے نظارے یک لخت دیکھ گیا ہوں کہ اس وقت کچھ نہیں کہہ سکتا۔ البتہ وقت ملنے پر جگالی کر کے بتاؤں گا۔" شیطان نے جواب دیا اور بزرگ اتنے زور سے ہنسے کہ موٹر ایک کھمبے سے ٹکراتے ٹکراتے بچی۔

اگلے روز ہم نچلی سڑک پر کھڑے سوچ رہے تھے کہ آج کیا کریں۔ اتنے میں ایک شخص راہ چلتے چلتے ٹھہر گیا اور پوچھنے لگا ——— "کیوں جناب! رونی صاحب کہاں رہتے ہیں۔"

رونی نے دو فرلانگ دُور اونچی کوٹھی کی جانب اشارہ کر کے کہا ——— "وہاں رہتے ہیں۔ اُس کوٹھی میں۔"

سڑک سے کوٹھی کو ایک عمودی راستہ جاتا تھا۔ بڑی سخت چڑھائی تھی۔

وہ شخص چڑھائی چڑھنے لگا اور نظروں سے غائب ہو گیا۔ تھوڑی دیر میں ہانپتا ہوا واپس آیا اور رونی کو قہر بھری نگاہوں سے دیکھتا ہوا چلا گیا۔

"بھئی خواہ مخواہ اسے ناراض کر دیا۔ کہیں یہ کوچۂ یار سے نہ آیا ہو۔" میں نے کہا۔

"ارے!" وہ چونک کر بولے "پہلے پوچھ لینا چاہئے تھا۔ ممکن ہے کوئی پیغام ہی لایا ہو۔"

"شاید اُن بزرگ نے کسی اہم معاملے پر گفتگو کرنے کے لیے بلایا ہو۔" میں نے مسکراتے ہوئے کہا۔

"اُن کو کیا پتہ؟" شیطان نے پوچھا۔

"تو تمہارے خیال میں کسی کو پتہ ہی نہیں۔ گھر کا گھر جانتا ہے۔ یہاں تک کہ اُن کا مریل سا کتا بھی تمہیں مشکوک نگاہوں سے دیکھتا ہے۔ اُسے بھی شبہ ہے۔ اگر تمہاری امی کو پتہ چل گیا تو مصیبت آجائے گی۔"

"بے شک آجائے۔ عرصے سے مصیبت نہیں آئی۔" شیطان انگلیوں پر گن کر بولے "چار ماہ گزر گئے ہیں کوئی مصیبت نہیں آئی۔"

"تو چلو پھر کوئے یار کی طرف چلیں۔ اگر کچھ ہوا تو معلوم ہو جائیگا۔ لیکن یہ بلیاں، چوہے، خرگوش، یہ سب الا بلا مجھے سخت ناپسند ہے۔ تم کہنا تو سہی کبھی اُن سے۔"

"مجھے خود ناپسند ہیں۔ میں آج پھر اُن بزرگ کو ڈانٹوں گا۔"

"پھر ڈانٹوں گا ـــــ کیا مطلب؟ کیا پہلے بھی کبھی ڈانٹا تھا؟"

"ہاں! کل بھی میرا ارادہ ہوا تھا کہ انہیں ڈانٹوں ـــــ"

ہم سیدھے محبوبۂ شیطان کے ہاں پہنچے۔ بزرگ باغیچے میں کام کر رہے تھے۔ ہمیں دفعتاً معلوم ہوا کہ ان کو پودوں وغیرہ کا بھی خبط ہے۔

"مبارک ہو!" میں نے شیطان سے کہا۔

بزرگ نے ہمیں اپنا ذخیرہ دکھایا، جہاں بمشکل دس بارہ پودے ہوں گے۔

شیطان نے باغیچے سے پودے اُکھاڑ اکھاڑ کر واپس ذخیرے میں لگانے شروع کر دیئے۔
میں نے ٹوکا تو بولے۔" ذخیرے کی عزت رکھ رہا ہوں، یہاں کچھ تو رونق ہونی چاہیئے۔"

چلتے وقت شیطان نے ایک برش اٹھا کر بزرگ کو دکھایا۔ برش کے آدھے بال سیاہ تھے۔ آدھے سفید، کہیں کہیں سے جھڑ بھی گئے تھے۔ بولے ۔۔۔ "قبلہ! یہ برش بوڑھا ہوتا جا رہا ہے۔ کچھ کچھ گنجا بھی ہو چلا ہے۔"

راستے میں شیطان نے میرے کان میں کہا ۔۔۔۔ "آج شام کو سینما میں بلایا ہے۔ وہ پہلے شو میں آئیں گی۔ ضرور چلیں گے۔"

"تم اکیلے ہی جانا، بھلا میں کیا کروں گا؟" میں نے بیزار ہو کر کہا۔

"تم ضرور چلو گے۔"

سہ پہر سے تیاریاں شروع ہو گئیں کہنے لگے۔ آج سیاہ ڈِنر سوٹ پہنوں گا۔

میں نے پوچھا۔ "کیا ڈنر پر جا رہے ہو؟"

بولے۔ "کچھ بھی کہو، آج ضرور سیاہ سوٹ پہنوں گا اور سیاہ بو بھی لگاؤں گا۔"

سوٹ پر استری کی گئی۔ سیاہ جرابیں فوراً بازار سے خریدی گئیں۔ سیاہ جوتے پر نوکر دوپہر سے پالش کر رہا تھا۔

جب شیطان سوٹ پہننے لگے تو سینما میں کل پندرہ منٹ باقی تھے۔ میں بالکل

تیار تھا کہ یکایک شیطان نے ایک دلدوز چیخ ماری ——— "سیاہ بو کہاں گئی؟"

"تم نے نکالی بھی تھی؟" میں نے پوچھا۔

"ہاں نکالی تھی، بستر پر رکھی تھی۔"

اب سیاہ بو کی تلاش شروع ہوئی۔ ذرا سی دیر میں بستر قالین پر پڑا تھا اور قالین پلنگ پر۔ میں اور شیطان پلنگ کے نیچے گھسے ہوئے دیا سلائی جلا جلا کر سیاہ بو ڈھونڈ رہے تھے۔ شیطان نے بے خبری میں اٹھنا چاہا تو دھڑام سے پٹی سر میں لگی۔ سر پکڑ کر بیٹھ گئے۔ اُن کے لیے اسپرین تلاش کر کے دی۔

"ٹائی لگا لو، یا کوئی اور بو سہی۔"

"غضب خدا کا۔ سیاہ سوٹ پر سیاہ بو نہ ہو! ڈوب مرنے کا مقام ہے۔ اس سے تو یہ بہتر ہے کہ تہمد باندھ لیا جائے۔"

ہم پھر تلاش میں مصروف ہو گئے۔ یہاں تک کہ کمرے کی ایک ایک چیز برآمدے میں پہنچ گئی۔ اب صندوقوں کی باری آئی۔ سینما کا وقت کبھی کا ہو چکا تھا۔ لیکن شیطان بار بار یہی کہتے تھے کہ خبریں ہو رہی ہوں گی۔ کارٹون ہو رہا ہوگا۔

"اچھا بازار سے ہو کر چلتے ہیں، راستے میں خرید لیں گے۔" میں نے مشورہ دیا۔

"ہرگز نہیں!" شیطان مچل گئے۔

"ارے یہ کیا لٹک رہی ہے تمہاری جیب سے۔"

جب ہم تیار ہو کر باہر نکلنے لگے تو یوں معلوم تھا جیسے کوٹھی میں ابھی ابھی چوری

ہوئی ہے، اور چوروں نے خوب فرصت میں بیٹھ کر اپنی اپنی پسند کی چیزیں چرائی ہیں۔ بھاگم بھاگ سینما پہنچے۔ انٹرول ہونے والا تھا۔ اندر پہنچ کر شیطان محبوبۂ شیطان کو تلاش کرنے لگے۔ لیکن اندھیرے میں کچھ پتہ نہ چلا۔ ناچار دروازے کے پاس بیٹھ گئے۔ اتنے میں کیا دیکھتے ہیں کہ ایک خاتون گھبرائی ہوئی آئیں اور اِدھر اُدھر جگہ تلاش کرنے لگیں۔ گیٹ کیپر نے اُن کو شیطان کے برابر والی سیٹ پر بٹھا دیا۔

"بھئی یہ تو ہمیں بھی مات کر گئیں" شیطان بولے۔ ہم دونوں نے ان کی طرف دیکھا۔ وہ محبوبۂ شیطان نہیں تھیں۔ کوئی اور تھیں۔

اب سینما چھوڑ چھاڑ کر شیطان اِنہیں کو دیکھنے لگے۔ تھوڑی دیر کے بعد بولے۔ "آپ میرے دستانوں پر بیٹھ گئی ہیں" وہ اٹھنے لگیں۔ "نہ نہ —— اٹھیے مت تکلیف نہ کیجیے۔ میں نے تو یونہی کہہ دیا تھا۔"

انہوں نے دستانے شیطان کو دے دیئے۔ شیطان بولے —— "آپ کے ہاتھ برف سے بھی ٹھنڈے ہیں۔ آپ یہ دستانے پہن لیجیے، ورنہ سردی لگ جانے کا اندیشہ ہے۔"

"جی نہیں! شکریہ!" وہ بولیں۔

انہوں نے اپنے دستی بیگ سے کچھ نکالا اور آہستہ آہستہ کھانے لگیں۔

"یہ اکیلے اکیلے ہی —— !" شیطان نے کہا۔

پہلے تو وہ شرمائیں، پھر ایک چاکلیٹ کا ٹکڑا روفی کے ہاتھ میں دیدیا۔

"میرے ساتھ یہ بھی ہیں۔ ان کا حصہ؟"

انہوں نے ایک ٹکڑا اور دے دیا۔ شیطان دونوں ٹکڑے منہ میں رکھ کر بولے۔

"نہایت لذیذ چاکلیٹ ہیں۔ آپ نے کس دکان سے لیے تھے؟"

وہ خاموش رہیں۔ جب شیطان نے دو چار اسی قسم کے سوال اور پوچھے تو وہ اٹھ کر اگلی قطار میں جا بیٹھیں۔ شیطان بھی اٹھے اور عین ان کے پیچھے جا بیٹھے۔ حالانکہ ادھر ادھر کافی سیٹیں خالی تھیں۔

شیطان آگے جھک کر بولے ——"اگر تکلیف نہ ہو تو ذرا کوٹ کا کالر نیچے کر لیجیے۔ مجھے کچھ نظر نہیں آ رہا سوائے آپ کے۔ شکریہ، اور ہیٹ بھی——"

انہوں نے شیطان کی فرمائش کی تعمیل کر دی۔

"اور اگر آپ ایک سیکنڈ کے لیے اپنا رومال عنایت فرمادیں تو میں عینک کے شیشے صاف کر لوں۔ یقین کیجیے واپس ضرور دے دوں گا۔"

انہوں نے مسکرا کر رومال دے دیا اور شیطان کوئی آدھ گھنٹے تک عینک کے شیشے صاف کرتے رہے، یوں معلوم ہوتا تھا جیسے شیشے کھرچ رہے ہوں۔

رومال واپس ملتے ہی وہ ایک اور سیٹ پر جا بیٹھیں۔ شیطان نے پھر تعاقب کیا۔ آخر تنگ آ کر وہ دروازے کے پاس کنارے کی سیٹ پر بیٹھ گئیں۔ شیطان فوراً ان کے پیچھے آ بیٹھے اور بولے۔ "اب مجھے ڈر ہے کہ کہیں آپ باہر نہ چلی جائیں۔"

اور وہ مسکرا دیں۔ نہ صرف مسکرا دیں بلکہ باقاعدہ ہنس دیں۔

انٹرول میں شیطان نے ان سے باتیں بھی کیں۔

اور میں یہ سوچ رہا تھا کہ شیطان جیسا بونق شخص بطور عاشق کے اس قدر کامیاب کیونکر رہتا ہے۔ چھوٹا سا چہرہ، لمبی گردن، کوئی سات فٹ لمبا قد، کھجور کی طرح دُبلے، ہونٹوں پر وہ مکارسی مسکراہٹ، ناک پر موٹے موٹے شیشوں کی عینک جس کے بغیر وہ اپنے آپ کو بھی نہیں دیکھ سکتے —— اپنی اپنی ہمت ہے۔

جب ہم سینما سے واپس آرہے تھے تو شیطان نے غمگین آواز میں کہا ”آج وہ چوٹ کھائی ہے کہ بیان نہیں کرسکتا۔ کس طرح کہوں کہ —— یعنی ——“

”یعنی آج پھر عاشق ہوگئے ہو۔“

”ہاں! عاشق ہی نہیں۔ بس سمجھ لو کہ فریفتہ ہوگیا ہوں، فدا ہوگیا ہوں، مرمٹا ہوں۔“

”اور وہ جو چند گھنٹے پہلے ان موٹی تازی خاتون پر عاشق تھے، وہ؟“

”وہ محبت تھوڑا ہی تھیں۔ وہ تو سودائے خام تھا، بلکہ خیالِ خام تھا۔ اک مرتبہ تو میں سچ مچ —— بھئی تم یوں میری دل شکنی مت کیا کرو، ورنہ میں رو پڑوں گا۔“

”رو پڑو —— آج یہ حسرت بھی نکل جائے۔ آج تک میں نے کبھی تمہیں روتے ہوئے نہیں دیکھا۔“

”اب رونا ہی رونا ہے زندگی میں۔ بہت ہنس چکے۔“ شیطان بسور کر بولے۔

کچھ دیر خاموشی رہی۔

”کون ہیں یہ؟“ میں نے پوچھا اور شیطان نے اُن کا سارا شجرہ نسب بتا دیا۔

"یہ اپنے ابا کے ساتھ ہر روز کلب جاتی ہیں۔ اب ہم بھی کل سے سوز کلب چلا کریں گے۔"
شیطان منہ اٹھا اٹھا کر ادھر اُدھر دیکھنے لگے۔ غالباً انہیں چاند کی تلاش تھی۔
"چاند آج نہیں نکلے گا۔ آج تاروں کو دیکھ کر ہی صبر کر لو۔ میں کلب اس شرط پر چلوں گا کہ تم قسم کھاؤ ـــــ کہ پھر عاشق نہیں ہو گے۔"

"اب میں کہاں عاشق ہو سکتا ہوں۔ مجھ میں دوبارہ عاشق ہونے کی تاب ہی کہاں ہے۔ اب تو قسمت نے فیصلہ کر دیا ہے۔ زندگی کی منزل قریب آ پہنچی۔ آہ تارے، محبت اور کوہ ہمالیہ۔"
یہ کہہ کر انہوں نے اونٹ کی طرح زور زور سے سانس لیے۔ "واقعی کوہ ہمالیہ کا قصور ہے۔" میں نے کہا ـــــ "بیچارہ کوہ ہمالیہ۔"

چار بجے کلب پہنچے۔ وہ خاتون بلا لئے ٹینس کورٹ میں کھڑی تھیں۔ ہمیں دیکھ کر مسکرائیں اور شیطان نے آگے بڑھ کر پوچھا ـــــ "آپ کھیل چکیں کیا؟"
"کھیلتی کیونکر؟ کوئی اور کھلاڑی تو تھا ہی نہیں، اکیلی تھی۔"
"میں سمجھا شاید سنگلز کھیل رہی تھیں۔"
میں نے اُن کو غور سے دیکھا اور شیطان کے مذاق پر دل ہی دل میں لعنت بھیجی۔ آخر کس حکیم نے مشورہ دیا ہے کہ جسے دیکھ پاؤ فوراً اُس پر عاشق ہو جاؤ۔
اتنے میں اُن کے ابا آ گئے۔ یہ وہی حضرت نکلے جن کو ہم سقراط کہا کرتے تھے۔ ان

کی بیحد ثقیل اور عالمانہ گفتگو کی وجہ سے۔ ہمیں وہ واجبی طور پر جانتے تھے۔

شیطان میرے کان میں بولے "یہ ٹینس کے عاشق ہیں۔ اب ان سے دوستی کرانا تمہارا فرض ہے۔" چنانچہ میں نے سقراط صاحب کے ساتھ بے تحاشہ ٹینس کھیلی اور شیطان اور وہ خوب دوست بن گئے۔

ہم سب ہال کمرے میں بیٹھے تھے۔ سقراط صاحب نوکروں کی شکایت کر رہے تھے۔ نوکروں نے اُنکا ٹانگہ بالکل ہی توڑ دیا تھا۔ پہاڑ پر یہ ٹانگہ بھی ایک عجوبہ تھا۔ "اور کمبختوں نے یہ کہا کہ ٹانگہ کہیں باہر نہیں گیا۔ بس کھڑا کھڑا ایک لخت ٹوٹ گیا اور ٹکڑے ٹکڑے ہو کر گر پڑا۔ بتائیے یہ کیونکر مان لوں؟"

"ممکن ہے کہ ٹانگے کا ہارٹ فیل ہو گیا ہو۔" شیطان نے بڑی سنجیدگی سے کہا۔

انہوں نے شیطان کو سگریٹ پیش کیا۔ شیطان نے پہلے تو انکار کیا۔ لیکن اصرار کرنے پر سلگائی اور یوں ظاہر کیا جیسے زندگی میں پہلی مرتبہ یہ گناہِ کبیرہ کر رہے ہوں (ویسے ہر روز شیطان ڈیڑھ دو سیر تمباکو سگریٹوں کی صورت میں پھونک ڈالتے تھے)۔

ابھی دو چار ہی کش لگائے ہوں گے کہ چہرہ پریشان سا بنا لیا، دیدے مٹکانے لگے اور گھبرا کر اُٹھ کھڑے ہوئے۔

"کیا ہوا؟" سقراط صاحب نے پوچھا۔

"غضب ہو گیا ـــــ سگریٹ چڑھ گئی۔" شیطان بولے "چکر آ رہے ہیں۔"

"تو تم واقعی سگریٹ نہیں پیتے؟"

"جی نہیں!"

اچھا تو یہ بات تھی۔ سقراط صاحب پر رعب ڈالنا چاہتے تھے! شیطان کو پانی پلایا گیا، خوشبو سنگھائی گئی۔ اتنے میں ابن بطوطہ صاحب (جو حکمت کا بھی شوق کرتے تھے) چند خوبانیاں اٹھا لائے اور شیطان سے کہا "انہیں نوش فرمایئے۔ ان سے قلب کو فرحت پہنچے گی اور روح پر طراوت آئے گی طبیعت میں مسرت پیدا ہو گی۔"

شیطان خوبانیاں کھا کر ہوش میں آئے اور بولے "خوبانی نہ صرف قلب و روح کو فرحت پہنچاتی ہے بلکہ جبڑوں کو قوت اور گردوں کو ہمت اور تلی کو طراوت بخشتی ہے۔ جگر کا ورم رفع کرتی ہے۔ پھیپھڑوں کو حرارت عطا کرتی ہے۔ جسم میں صالح اور تازہ خون پیدا کرتی ہے۔ یرقان کے لیے اکسیر ہے۔ ضعفِ بصارت کے لیے تیر بہدف کا کام دیتی ہے۔ نزلہ زکام میں معجزے سے کم نہیں۔"

آخر مجبوراً شیطان نے شیطان کی دعوت منظور کر لی اور سہ پہر کو چائے پر آنے کا وعدہ فرمایا۔

کافی انتظار کے بعد سائیکل کی گھنٹی کی آواز ہمارے کانوں میں آئی۔ ہم باہر گئے۔ دیکھا تو وہ سائیکل ایک طرف رکھے کھڑی ہیں جیسے جھجک رہی ہوں۔

"اندر تشریف لے آیئے!" شیطان بولے "آپ کی سائیکل محفوظ رہے گی۔ لیمپ

اور ٹیمپ بھی کوئی نہیں چرائے گا۔"

میں نے ان کے لباس کے مذاق اور بناؤ سنگار کو دیکھ کر لاحول پڑھی۔ ادھر شیطان تھے کہ بچھے جا رہے تھے۔ بالکل "وہ آئیں گھر میں ہمارے خدا کی قدرت ہے" والی حرکتیں کر رہے تھے۔

باتوں باتوں میں نہ جانے تاریخ کا موضوع کہاں سے آگیا۔ دیر تک بادشاہوں، جنگوں اور پالیسیوں پر بحث ہوتی رہی۔ وہ بولیں "مجھے دو شخص بہت پسند ہیں۔"

"دوسرا کون ہے؟" شیطان نے پوچھا اور وہ شرما کر رہ گئیں۔

انہوں نے ہمیں بتایا کہ وہ کلکتے میں ایک عرصہ تک رہی ہیں۔ اب شیطان نے جو کلکتے کی تعریفیں شروع کی ہیں تو میں تنگ آگیا جس چیز کا ذکر آتا شیطان فوراً کہتے کہ کلکتے میں یہ کہیں بہتر ہے۔ کلکتے میں یہ کہیں اچھا ہوتا ہے۔

پہاڑی نظاروں کا ذکر ہوا تو شیطان بولے کہ کلکتے کے گرد و نواح میں اس سے کہیں بہتر نظارے ملتے ہیں۔ خنکی کا ذکر ہوا تو شیطان نے اس انداز سے کلکتے کا ذکر کیا جیسے بارہ مہینے وہاں برف پڑتی ہو۔

"یہاں چاند کتنا بڑا اور چمکدار نکلتا ہے۔" میں نے کہا۔

"لیکن کلکتے کا چاند ـــــ کلکتے میں اس سے کہیں بڑا اور چمکدار چاند نکلتا ہے۔"

جب شام کو وہ چلنے لگیں تو خدا حافظ کہہ کر شیطان بولے۔ "دیکھئے اگر گھر پہنچ کر آپ کا دستی بیگ نہ ملے تو یہ یاد رکھئے کہ آپ اُسے یہاں نہیں لائی تھیں۔"

اتوار کو سپورٹس ہوئے۔ شیطان انتظامیہ کمیٹی میں تھے، اس لیے کہ انہوں نے بہت سے ٹکٹ فروخت کئے تھے۔ بہت بڑا مجمع تھا اور خوب رونق تھی۔ ایک صاحب بھاگے بھاگے آئے اور شیطان سے پوچھنے لگے "آپ ہاکی کھیلیں گے؟"

"جی نہیں!"

"آپ نے وعدہ تو کیا تھا۔"

"درست ہے۔ لیکن اسوقت جی نہیں چاہ رہا۔" اور پھر میری طرف دیکھکر بولے "کس قدر بے معنی کھیل ہے کوئی یقین کرسکتا ہے کہ بائیس صحیح الدماغ حضرات ایک چھوٹی سی گیند کیلئے پاگلوں کی طرح بھاگ رہے ہیں۔ ایک دوسرے کے ٹخنے توڑ رہے ہیں۔ توبہ توبہ!"

ہاکی کے بعد گھوڑوں کی دوڑ شروع ہوئی جس میں گھوڑوں کو چھلانگیں بھی لگانی پڑتی تھیں شیطان کو بھی پکڑ لیا گیا۔ پہلے تو ایک سخت کٹکھنی قسم کا گھوڑا شیطان کو دیا گیا جس کو دیکھتے ہی اُن کے دیوتا کوچ کر گئے اور انہوں نے صاف انکار کر دیا کہ گھوڑے کے اس بھی نہ پھٹکیں گے۔

ابن بطوطہ بولے "روفی صاحب! بزدل مت بنئے۔"

"صاحب یہاں جان کا خطرہ ہے اور تھوڑی دیر کی بزدلی عمر بھر کی موت سے کہیں بہتر ہے۔"

طے یہ ہوا کہ کوئی اور گھوڑا لایا جائے۔ آخر ایک گھوڑا لایا گیا جو نہ پھر از یادہ تھا

اور گھوڑا کم۔ شیطان بولے — "میں بچپن سے شہسواری کا دلدادہ ہوں لیکن آج تک کوئی گھوڑا رضامند نہیں ہوا۔"

"یہ گھوڑا رضامند ہے۔" آوازیں آئیں۔

"لیکن میں نے آج تک کبھی سواری نہیں کی۔ آج پہلا اتفاق ہے۔"

"یہ بھی تو عمر بھیرا ہے۔ اس پر بھی آج تک کوئی سوار نہیں ہوا۔ اس کا بھی آج پہلا اتفاق ہے۔"

"لیکن یہ بہت چھوٹا ہے۔" شیطان بولے۔

کسی نے ایک نہ سنی اور شیطان کو زبردستی گھوڑے پر بٹھا دیا گیا۔ اُن کے دونوں پاؤں زمین کو چھو رہے تھے۔ یوں معلوم ہوتا تھا جیسے شیطان گدھے پر بیٹھے ہوں۔

دوڑ شروع ہوئی۔ دیکھنے والوں کو یوں معلوم ہو رہا تھا جیسے شیطان کا گھوڑا نہیں دوڑ رہا بلکہ وہ خود دوڑ رہے ہیں۔ ایک جگہ جو کود پھاند ہوئی تو کیا دیکھتے ہیں کہ شیطان ایک دم رُک گئے، وہیں کھڑے کے کھڑے رہ گئے۔ غور جو کیا تو معلوم ہوا کہ شیطان قدم جمائے زمین پر کھڑے ہیں اور گھوڑا نیچے سے نکل گیا ہے شیطان فاتحانہ انداز میں مجمع کی طرف لوٹے۔ لوگوں کا مارے ہنسی کے بُرا حال تھا کسی نے بتایا کہ ایک لڑکی ہنستے ہنستے بے ہوش ہو گئی ہے شیطان فوراً اُس طرف بھاگے۔ جب آدھ گھنٹے تک واپس نہ آئے تو میں انہیں ڈھونڈنے نکلا۔ کیا دیکھتا ہوں کہ ایک درخت کے نیچے شیطان ایک لڑکی سے گھل مِل کر باتیں کر رہے ہیں۔ مجھے دیکھ کر بُلا لیا تعارف

کر دیا۔ یہ وہی محترمہ تھیں جو شیطان پر بے ہوش ہو گئی تھیں۔ اتنی جلدی شیطان اور وہ کیونکر دوست بن گئے۔ یہ شیطان کا ٹریڈ سیکرٹ ہے۔ تھوڑی دیر کے بعد شیطان میرے پاس بیٹھے بسور رہے تھے۔

"اب تم ہی بتاؤ میں کیا کروں؟" انہوں نے پوچھا۔

"خودکشی"! میں نے جھلا کر کہا۔ وہ اور بھی بسورنے لگے۔

میں نے دل کھول کر ڈانٹا، دھمکایا، خبردار کیا۔ لعنتیں بھیجیں —— لیکن اُن پر کوئی اثر نہ ہوا۔

"میں حلفیہ کہتا ہوں کہ یہ میری آخری محبت ہے —— پہلی اور آخری محبت! آئندہ جو عاشق ہوں تو چور کی سزا، وہ میری سزا۔ اس لڑکی کے لیے میرے دل میں ہمدردی کا طوفان موجیں مار رہا تھا۔ اس کے لیے میرے دل میں نہ صرف لا انتہا محبت ہی پیدا ہو گئی ہے بلکہ غضب کی حسرت اور بے حد عزت اور —— !"

"اچھا اچھا سُن لیا!"

اگلے روز شیطان اپنے نئے محبوب سے ملنے گئے اور منہ بنائے واپس آئے۔ بولے وہ آج واپس جا رہی ہیں۔"

اچھا ہوا —— میں نے دل میں کہا۔

"اور آج ایک ادھیڑ عمر کی خاتون سے خوب لڑائی ہوئی"۔ انہوں نے بتایا۔

پوچھا کہ کہاں ہوئی اور کیوں ہوئی؟ بتایا کہ محبوب کے گھر وہ بھی مدعو تھیں۔ کوئی بحث چھڑ گئی تھی۔ شیطان نے ضرور الٹی سیدھی ہانکی ہوں گی، جس سے وہ خفا ہو گئیں۔

"تو اب کیا ارادہ ہے؟"

"باقاعدہ سزا دی جائے"۔ شیطان نے کہا۔

"کیونکر؟"

"ان سے محبت کی جائے۔"

"ایک ادھیڑ عمر کی خاتون سے محبت کرو گے؟ — افسوس ہے!"

"وہ ادھیڑ عمر کی ضرور ہیں لیکن "مس" ہیں۔"

میں نے شیطان کو بہتیرا سمجھایا لیکن حسبِ معمول بیکار ثابت ہوا۔ شیطان نے ایک محبت نامہ لکھا جس میں ان محترمہ کی بہت تعریفیں کیں۔ اور آخر میں لکھا ——

"میری زندگی اس طرح تنہا ہے جیسے اکیلا جوتا۔ اور اس طرح بے سود ہے جیسے سمندر پر بارش۔ میں اکثر رسّی کا پھندا ہاتھ میں لے کر کسی مناسب درخت کی تلاش میں مارا مارا پھرتا ہوں۔ لیکن میری قسمت کہ حسبِ منشا درخت نہیں ملتا۔" وغیرہ وغیرہ۔

اسی قسم کے چند اور محبت نامے لکھے نتیجہ یہ نکلا کہ ایک روز وہ سچ مچ ملنے آ گئیں اب شیطان بہت گھبرائے اور شیطان سے زیادہ میں گھبرایا۔ وہ شیطان پر سچ مچ عاشق ہو گئی تھیں، اور ان کا ارادہ شادی کا تھا۔ دونوں کو باتیں کرتا چھوڑ کر میں اندر کمرے میں

جا چھپا اور شیشوں سے دیکھنے لگا۔

وہ بولیں "تمہارے خطوط کتنے پیارے ہیں۔ ایک ایک لفظ محبت میں ڈوبا ہوا ہے۔ تم نے مجھے لکھا تھا کہ جب تم دور ہو تو میں اداس رہتا ہوں۔ بیزار رہتا ہوں۔ زندگی سے تنگ آجاتا ہوں ــــــ"

شیطان بات کاٹ کر بولے ــــــ" اور آگے یہ لکھنا بھول گیا کہ جب تم نزدیک ہو تب بھی کوئی فرق نہیں پڑتا۔ تب بھی وہی حالت رہتی ہے۔"

"آہ! شادی کس قدر مقدس رشتہ ہے!" وہ بولیں "ذرا تاروں کی طرف تو دیکھو کتنے حسین ہیں!"

"برے نہیں ہیں" شیطان نے جواب دیا "ایک تو یہ ضرورت سے زیادہ ہیں۔ دوسرے یہ کسی خاص ترتیب سے سجائے نہیں گئے۔ اس سے بہتر بھی ترتیب ہو سکتی تھی۔"

"تمہاری باتیں کتنی میٹھی ہیں۔ جب میں یہاں آئی تھی تو میرے سر میں درد تھا۔ اب غائب ہو چکا ہے۔"

"غائب نہیں ہوا" شیطان اپنے ماتھے پر ہاتھ رکھ کر بولے "اب وہ یہاں آگیا ہے۔"

بڑی مشکلوں سے واپس گئیں۔ چلتے وقت مصر تھیں کہ شیطان کے کنبے کا مفصل پتہ اُن کو بتایا جائے تاکہ وہ براہِ راست خط و کتابت کر کے سب کچھ طے کر لیں۔

اور میں نے شیطان کو خوب ڈانٹا۔ کہ اور عاشق ہوتے پھرو خلقت پر۔

علی الصبح ناشتے پر شیطان منہ لٹکائے ہوئے آئے ہاتھ میں ایک تار تھا۔

"خیر تو ہے؟" میں نے گھبرا کر پوچھا۔

"خود پڑھ لو۔"

میں نے جلدی سے تار پڑھا، لکھا تھا —— "یہ چوتھا تار ہے، فوراً واپس آجاؤ۔"

"اور پہلے تین تار کہاں گئے؟"

"یہ رہے!" شیطان نے تینوں تار دیدیئے۔ شیطان کو اُن کے امتحان کے سلسلے میں بلایا جارہا تھا۔ ناشتے پر ہم دونوں کی کانفرنس ہوئی۔ شیطان اُن معمر مِس سے کافی ڈرے ہوئے تھے۔ طے ہوا کہ واپس چلیں۔

چند ہی گھنٹوں کے بعد ہم لاری میں بیٹھے تھے اور لاری میدانوں کی طرف جارہی تھی۔ پہاڑ ختم ہوئے۔ پہاڑیاں آئیں، چھوٹے چھوٹے ٹیلے آئے اور پھر دریائے گنگا اور سندھ کے زرخیز میدان۔ شیطان راستے بھر پہاڑ کو حسرت بھری نگاہوں سے مڑ مڑ کر دیکھتے آئے۔ شام کو ہمیں ٹرین ملی۔

شیطان بدستور پہاڑ کی طرف دیکھ رہے تھے۔

جب ٹرین چلی تو شیطان نے ایک ٹھنڈی آہ بھری اور بولے —— "محبت

موسیقی اور کوہ ہمالیہ۔"

اور اونٹ کی طرح زور زور سے سانس لینے لگے۔ میں چُپ رہا۔

ایک مرتبہ پھر انہوں نے دُہرایا——"آہ! چاندنی، محبت اور کوہ ہمالیہ۔"

مَیں پھر بھی چُپ رہا۔

فرماتے ہیں

سعدی صاحب فرماتے ہیں کہ "غصہ کبھی مت کرو، غصیل دکاندار کے شہد پر مکھیاں بھی نہیں بیٹھتیں۔"

فرصت ہو، آرام کرسی پر لیٹے ہوئے ہوں۔ ایک ہاتھ میں سگریٹ ہو، دوسرے میں کتاب۔ پڑھتے پڑھتے یہ فقرہ آجائے تو واللہ سرور آجاتا ہے، کیا بات ہے، خوب فرمایا ہے۔

اس قدر متاثر ہوتے ہیں کہ اسی وقت ایک وزنی سی قسم کھاتے ہیں کہ آئندہ ہرگز غصہ نہیں کریں گے۔ اگر کبھی غصہ آیا بھی تو سعدی صاحب کا یہ فقرہ یاد رکھیں گے۔

اگلے روز کسی کیفے میں بیٹھ کر کافی اور سینڈوچز کا آرڈر دیتے ہیں۔ بیرہ نہ جانے کہاں مرجاتا ہے۔ یوں غائب ہوتا ہے جیسے یہاں کبھی تھا ہی نہیں۔ طبیعت میں پہلے بیزاری سی آتی ہے پھر چڑچڑاپن، پھر خون گرم ہوتا ہے اور کچھ دیر میں باقاعدہ کھولنے لگتا ہے۔ نتھنے پھڑکنے لگتے ہیں۔ جی میں آتا ہے کہ یا تو بیرے کو قتل کردیں یا کیفے کے منیجر کو۔ اسی وقت منیجر سے شکایت کیجاتی ہے، بیرہ پھر بھی نہیں آتا

صدیوں کے بعد آتا ہے اور "ابھی آیا" کہہ کر غائب ہو جاتا ہے۔ تب اصلی غصہ آتا ہے اور نہ جانے کیسے کیسے خیالات دل میں آتے ہیں۔ اس وقت سعدی صاحب یاد تو آتے ہیں، ان کی نصیحت بھی یاد آتی ہے۔ لیکن پھر خیال آتا ہے کہ سعدی صاحب نے ہرگز ایسے فضول کیفے میں بیٹھ کر کافی اور سینڈوچز کا آرڈر نہیں دیا ہوگا۔ اور اگر دیا ہوگا تو اس قدر سست اور کام چور بیرے سے واسطہ نہیں پڑا ہوگا۔

تب ہم اپنے آپ کو حق بجانب سمجھ کر خوب غصہ کرتے ہیں۔ دل کھول کر غصہ کرتے ہیں یہاں تک کہ کافی زہر معلوم ہوتی ہے۔ اور سارا دن بُری طرح گزرتا ہے۔

کتابوں میں غصہ، چوری، غریبی، ناکامی، غم، غرور، ہر موضوع پر لوگ اکثر فرمایا کرتے ہیں۔ ایک صاحب فرماتے ہیں "اگر ناکامیاں نہ ہوں تو کامیابی کی قدر کیونکر معلوم ہو۔" کیا پتے کی بات کہی ہے۔

دوسرے صاحب فرماتے ہیں۔ "دنیا کی نکتہ چینی سے تم تب ہی بچ سکتے ہو، جب تم بت بنکر بیٹھ جاؤ۔ نہ کچھ سوچو، نہ کچھ کہو، نہ کچھ محسوس کرو، یہاں تک کہ تم کچھ بھی نہ ہو۔" یہ پڑھ کر ہم داد دیئے بغیر نہیں رہ سکتے۔

ایک بزرگ فرماتے ہیں "اگر تم ہوائی قلعے بناتے رہتے ہو تو کوئی ہرج نہیں، فقط ان قلعوں کے نیچے بنیاد رکھنی شروع کر دو۔"

پھڑک اٹھتے ہیں۔ عش عش کرنے لگتے ہیں۔

ایک اور حضرت نے فرمایا ہے کہ "کسی چیز سے محبت کرنے کی ترکیب یہ ہے کہ ہروقت یہ فرض کرتے رہو کہ وہ چیز تم سے عنقریب چھن جائے گی"۔ وغیرہ وغیرہ۔

جہاں تک فرمانے کا تعلق ہے۔ دنیا میں تین قسم کے آدمی ہیں۔ ایک تو وہ جن کو چوبیس گھنٹے یہی خبط رہتا ہے، جو اپنا ٹائم ٹیبل دوسروں کے فرمانے کے مطابق بناتے ہیں۔ کھانا کھاتے وقت نپولین کا حوالہ دیں گے کہ اس نے کہا ہے کہ بالکل آہستہ آہستہ کھاؤ، ایک نوالے کو چالیس بار چباؤ۔ چلتے وقت بقراط کا ذکر ہوگا جس نے آہستہ آہستہ چلنے کو کہا ہے۔ حجامت کے سلسلے میں پھر نپولین کی رائے بیان کی جائے گی۔ اس کا قول ہے کہ اپنی حجامت خود بناؤ۔ حجام کا ہرگز اعتبار مت کرو۔ کیونکہ اس کے ہاتھ میں تیز استرا ہے اور تمہاری گردن نزدیک ہے۔ نیز نپولین نے یہ بھی کہا تھا کہ رات کو دیر تک جاگتے رہو۔ اس سے دماغ روشن رہتا ہے۔ (لیکن نپولین تو گھوڑے پر بیٹھے بیٹھے سو جایا کرتا تھا۔ اس کا نہ کوئی حوالہ دیتا ہے نہ اس پر عمل کرتا ہے۔)

"فرماتے ہیں کہ معتقد ہنسنے ہنسانے سے منکر ہوتے ہیں۔ کیونکہ حکیم بوعلی سینا نے فرمایا ہے کہ جو زیادہ ہنستے ہیں وہ جلد روئیں گے۔ دوسروں پر ہنسنا وہ گناہِ عظیم سمجھتے ہیں، کیونکہ چندر گپت موریا صاحب فرماتے ہیں کہ کسی شخص پر ہنسنے سے پہلے یہ یاد رکھو کہ اگر تم اس کی جگہ ہوتے تو کیا محسوس کرتے۔

اگر چوری ہو جائے تو چور کا سراغ لگانے کی زیادہ کوشش نہیں کرتے کیونکہ نانا فرنولیس صاحب نے فرمایا ہے کہ ممکن ہے کہ اس چیز کی چور کو تم سے زیادہ ضرورت ہو۔

غرضیکہ ایسے حضرات کی گفتگو میں گفتگو کم ہوتی ہے اور "فرماتے ہیں" زیادہ۔

دوسری قسم وہ ہے جو اس سلسلے میں بالکل منکر ہے کوئی فرمایا کرے، اُن کی بلا سے۔ شیکسپیئر اگر دور سے پیدل چل کر آئے اور اُن سے کچھ کہے تب بھی وہ سنی ان سنی کر دیں گے۔ اگر ملٹن ان کو جھنجھوڑ کے رکھ دے اور ان کے کانوں میں چلا چلا کر کوئی نصیحت کرے تب بھی ان کے کان پر جوں نہ رینگے گی۔ کنفیوشس اگر ہاتھ جوڑ کر منتیں کرے کہ بھئی خدا کے لیے ہماری اس ہدایت پر عمل کر کے ہمیں ممنون کرو، تب بھی انہیں ترس نہ آئے گا۔

ایسے حضرات سے اگر آپ کہیں کہہ دیں کہ فلاں صاحب یہ فرماتے ہیں۔ پہلے تو وہ خاموش رہیں گے۔ دوبارہ کہنے پر پوچھیں گے کہ "فلاں صاحب کون تھا؟"

آپ کے بتانے پر کہیں گے ۔" اچھا — تو فرماتا ہوگا، ہمیں کیا؟"

اگر آپ نے زیادہ زور دیا تو کچھ اس قسم کی گفتگو ہوگی:۔

"فلاں صاحب یہ فرماتے ہیں ۔"

"تو فرمانے دیجیے۔"

"لیکن وہ اسی موضوع پر تو فرماتے ہیں۔"

"بڑے شوق سے فرمایا کریں، انہیں روکتا کون ہے۔"

"لیکن سنیئے تو —!"

"ان سے درخواست کس نے کی تھی کہ فرمائیں؟"

لیکن —!"

"بھلا وہ کس وقت فرماتے تھے؟ صبح کو یا شام کو؟ موسم کون سا تھا؟"

تیسرا طبقہ وہ ہے جو نہ تو معتقد ہی ہے اور نہ منکر۔ جو فرمانے کو مانتے بھی ہیں اور نہیں بھی۔ جو فرمائی ہوئی باتوں پر سوچنے بیٹھ جاتے ہیں۔ مثلاً ڈسرائیلی صاحب فرماتے ہیں کہ "میں زندگی میں چاہے جتنی حماقتیں کروں لیکن محبت کے لیے شادی ہرگز نہیں کروں گا۔"

اسی مضمون پر ڈاکٹر جانسن صاحب فرماتے ہیں — "جو انسان محض محبت کے لئے شادی کرتا ہے وہ نہایت کمزور انسان ہے۔"

ان دونوں حضرات کا فرمانا سر آنکھوں پر لیکن یہاں یہ الجھن پیدا ہو جاتی ہے کہ اگر محبت کے لیے شادی نہ کی جائے تو کیا نفرت کے لیے کی جائے۔ محبوب سے شادی

نہ کی جائے تو کیا اس سے کی جائے جس کی شکل سے بیزار ہوں۔

بائرن صاحب فرماتے ہیں۔ "اگر کوئی صاحب قلم اپنی تحریر کے زور سے اپنے محبوب کو نہ جیت سکے تو اس پر لعنت ہے۔"

ہم بائرن صاحب کے تخیل کی داد دیتے ہیں لیکن صاحبِ قلم کی قدر و قیمت کون نہیں جانتا؟ اور محبوب کو جیتنا تو باقاعدہ ایک مہم ہے۔

اس کی جگہ یہ ہونا چاہیئے تھا۔" اگر کوئی امیر کبیر شخص اپنے روپے کے زور سے اپنے محبوب کو نہ جیت سکے تو اس پر لعنت ہے۔" (امیر و کبیر شخص پر، محبوب پر نہیں)۔

نپولین صاحب نے نوالے کو چالیس بار چبانے کو کہا ہے، سو ہم اس سلسلے میں معذور ہیں۔ نوالے چبانے کے علاوہ ہمیں اور کام بھی رہتے ہیں۔

ایک صاحب فرماتے ہیں کہ رات کو جلد سو جانے سے صحت اچھی رہتی ہے، اُدھر نپولین صاحب کا اصرار ہے کہ رات کو دیر تک جاگتے رہنے سے دماغ روشن رہتا ہے۔ بتایئے صحت کا خیال رکھیں یا دماغ کی روشنی کا۔

ایک بزرگ فرماتے ہیں کہ دشمن کو ہمیشہ معاف کردو۔ دوسرے فرماتے ہیں دشمن کو پکڑ کر اتنا پیٹو کہ وہ ساری دشمنی بھول جائے۔

ایک صاحب کا قول ہے کہ بالکل تھوڑا کھاؤ اور ہر وقت بھوکے رہو۔ ایک جنرل کا قول ہے کہ خوب دبا کر کھاؤ اور جب کھا چکو تو پھر کھاؤ۔

ایسے اقوال پڑھ پڑھ کر ان سے ہمارا عقیدہ اٹھ گیا ہے۔ جب ہم کسی مشہور ہستی کا مشہور قول پڑھتے ہیں تو فوراً یہ خیال آتا ہے کہ کسی اور مشہور ہستی کا کوئی اور مشہور قول ضرور ہوگا جو اس کے بالکل اُلٹ ہوگا۔

ہمیں ایک شکایت ہے۔ وہ یہ کہ لوگ غیر سنجیدہ اقوال نہ پسند کرتے ہیں نہ ان کا زیادہ استعمال کرتے ہیں۔ شاید ان کا یہ خیال ہے کہ جو قول سنجیدہ نہیں وہ قول ہی نہیں ہے لیکن ہمیں ایسے قول بہت پسند ہیں۔

مثلاً ایک مشہور ادیب فرماتے ہیں "مجھے محنت و مشقت بیحد پسند ہیں۔ میں اکثر کسی درخت کے سائے میں بیٹھ کر سارا سارا دن لوگوں کو محنت کرتے دیکھتا رہتا ہوں۔"

ایک بزرگ فرماتے ہیں "مجھ پر بڑی بڑی مصیبتوں نے ستم ڈھائے ہیں اور میں خوب کُڑھا ہوں۔ لیکن ان میں سے زیادہ ایسی تھیں جو کبھی مجھ تک نہیں پہنچیں۔"

دوبارہ فرماتے ہیں۔ "امارت ایک ایسی چیز ہے جسے ہم بڑی مشکل سے برداشت کرتے ہیں — میرا مطلب ہے کسی دوسرے شخص کی امارت۔"

ایک اور صاحب فرماتے ہیں "جن لوگوں کو گھوڑوں اور خچروں کا شوق ہوتا ہے اور جو عمر بھر ان پر فریفتہ رہتے ہیں، کچھ عرصے کے بعد گھوڑوں اور ان لوگوں میں تمیز کرنا مشکل ہو جاتا ہے۔"

یہاں ہم ان سے متفق ہیں۔ ہمیں خود حیوانات سے کوئی دلچسپی نہیں ہے۔ حیوانات سے محبت کرنے کے نتائج کو کس خوبی سے ادا فرمایا ہے۔

ایک حضرت فرماتے ہیں :۔ "اگر ہر ایک کو پتہ چل جائے کہ ہر ایک ہر ایک کے متعلق کیا باتیں کرتا ہے، تو کوئی کسی سے بولنا بھی پسند نہ کرے۔"

کچھ لوگ ایسے بھی ہیں جن کا جی تو چاہتا ہے کہ "فرماتے ہیں"۔ کی اہمیت جتائیں لیکن ساتھ ہی اپنی لاعلمی بھی چھپانا چاہتے ہیں۔ وہ ہمیشہ اسطرح گفتگو کرتے ہیں ــــــ

"آپ تو ناحق رنج کرتے ہیں۔ کیا آپ وہ بھول گئے جو کسی نے غم کرنے پر کہا ہے؟ ایسا ہی کچھ ہے ــــ یعنی ــــ"

"ہاں مجھے بھی یاد تھا کسی نہایت مشہور آدمی نے کہا ہے اور خوب کہا ہے صاحب!"

"اسی مضمون پر ایک اور بہت بڑے حکیم نے فرمایا تھا۔ وہ فرماتے ہیں کہ غم مت کرو، کیونکہ ــــ افوہ! ابھی ابھی بھول گیا۔"

"میں نے یہ بھی سنا ہے، مجھے بھی یاد تھا۔ بھولنے پر بھی تو ایک مشہور و معروف قول ہے ــــ نہایت ہی باموقعہ ہے ــــ دیکھئے، کیا تھا ــــ؟"

"عجب تماشا ہے! میں آج سب کچھ بھولتا جا رہا ہوں یقین کیجئے آج صبح مجھے یاد تھا!"

ایسے حضرات اکثر کہاوتوں پر اتر آتے ہیں اور کہاوتوں کو زبردستی "فرماتے ہیں" میں مو

دیتے ہیں۔ مثلاً یہ کہ علامہ شبلی فرماتے ہیں کہ بھُس میں آگ لگا، جمالو دُور کھڑی۔ علامہ ٹیگور فرماتے ہیں کہ گھر کی مرغی دال برابر۔ چنگیز خان فرماتے ہیں۔ کہ مُلّا کی دوڑ مسجد تک۔

جہاں تک کہاوتوں کا تعلق ہے ہمیں ان پر کچھ زیادہ اعتقاد نہیں۔ کیونکہ ان میں سے اکثر کہاوتیں غلط ہیں۔

"چار دن کی چاندنی اور پھر اندھیری رات ہے۔" یہ کسی قنوطی کی ایجاد کردہ کہاوت معلوم ہوتی ہے۔ اگر آپ حساب لگائیں تو چاندنی راتیں اور اندھیری راتیں تقریباً برابر برابر ہوتی ہیں۔ اگر کوئی زندہ دل ہوتا تو وہ اسی کہاوت کو یوں کہتا۔

"چار دن کا اندھیرا اور پھر چاندنی رات ہے۔"

"نیا نو دن پرانا سو دن" پر کوئی عمل کرنے لگے تو نئی چیزیں خریدنا چھوڑ دے۔ پرانی چیزیں کباڑیوں سے خرید خرید کر استعمال کیا کرے۔ مگر جو چیز پرانی ہے وہ کبھی تو نئی ہو گی۔

جب ہم بریلی گئے تو وہ "اُلٹے بانس بریلی کو" والی کہاوت ہمارے کانوں میں گونج رہی تھی۔ ہمارا خیال تھا کہ وہاں بانس زیادہ ہوں گے اور بریلی کم ہو گی۔ لیکن ہم بہت مایوس ہوئے، کہاوت بالکل غلط تھی۔

یہ کتّے کی دُم والا تجربہ بھی ہمیں یونہی معلوم ہوتا ہے۔ بھلا کس کو مصیبت پڑی ہے کہ اتنا طویل تجربہ کرے اور وہ بھی کتّے کی دُم پر۔

اور پھر سو سال تک کون جیتا ہے؟ ہندوستان میں لوگ زُلف کے سر ہونے تک

نہیں جیتے۔ سو سال تو ایک طویل عرصہ ہے۔

کتے کی دم بعض اوقات سیدھی ہو جاتی ہے۔ ہم نے خود دیکھی ہے۔

اگر کوئی "فرماتے ہیں" ہم سچ مچ عمل کرنے لگے اور ہر ایک کے فرمانے کی تعمیل شروع کر دے تو اس کا کیا حشر ہو گا؟

اس شخص کی ذرا دماغی تصویر بنایئے۔ نہ اسے غصہ آتا ہے نہ رشک۔ نہ کسی سے لڑتا جھگڑتا ہے۔ کوئی تھپڑ مارے تو بالکل خفا نہیں ہوتا بلکہ دوسرا گال پیش کر دیتا ہے۔ چوری ہو جائے تو تفتیش نہیں کرتا۔ بیحد مطمئن ہے مسرور ہے۔ چوبیس گھنٹے مسکراتا رہتا ہے۔ ہر وقت دوسروں کی خدمت میں حاضر ہے۔ کسی سے کچھ طلب نہیں کرتا۔ یقیناً ایسے شخص کو اس دنیا کی آب و ہوا اور موسمی حالات موافق نہیں آئیں گے۔

ویسے "فرماتے ہیں" کا ایک فائدہ بھی ہے۔ وہ یہ کہ کبھی کبھی اس کے استعمال سے آپ دوسروں کو متاثر کر سکتے ہیں۔

سگریٹ نوشی کے خلاف باتیں ہو رہی ہوں تو فوراً کہہ دیجئے کہ لارڈ کرزن صاحب فرماتے ہیں کہ سگریٹ پینے سے بہتر تو یہ ہے کہ انسان زہر پی لے۔

اور اگر سگریٹ نوشی کی تعریفیں ہو رہی ہوں تو کہہ دیجئے کہ مسا کوی کالیداس فرماتے ہیں کہ "تمباکو ہی ایک ایسا نشہ ہے جو نشہ ہے بھی اور نہیں بھی۔"

یونہی کسی کا نام لے کر جو جی میں آئے کہہ دیجئے۔

اب بڑے بڑے آدمیوں کے نام، سو جہاں کچھ شبہ ہو یا اور نام یاد نہ آتے ہوں تو وہاں فوراً شیکسپیئر کا نام لے دیجئے۔ کسی کی کیا مجال جو آپ کو لوٹک دے شیکسپیئر نے دنیا کے ہر موضوع کے ہر پہلو پر کچھ نہ کچھ ضرور فرمایا ہے۔

اس کا نام آپ جب چاہیں بلا جھجک لے سکتے ہیں۔

اگر حساب لگایا جائے تو سب سے زیادہ شیکسپیئر صاحب فرماتے ہیں۔ دوسرے نمبر پر سعدی صاحب اور تیسرے نمبر پر گوئٹے، کنفیوشس اور نطشے آتے ہیں۔

جہاں تک ہمارا خیال ہے جو حضرات فرماتے تھے وہ بھی آپکی ہماری طرح ہی تھے غصے کے خلاف فرمانے والے نوکروں پر اس قدر خفا ہوتے تھے کہ آپے سے باہر ہو جاتے تھے۔ لڑائی جھگڑے کی برائیوں کے متعلق فرمانے والے مار پیٹ میں سب سے آگے رہتے تھے۔

قرض کے نقصانات پر فرمانے والے اکثر مقروض رہتے تھے۔

وہ سب کے سب ہم آپ جیسے انسان تھے۔

باقی رہا فرمانا سو فرصت کے وقت جب کبھی دور کی سوجھتی ہو گی تو فوراً فرما دیتے ہوں گے۔ ممکن ہے کہ فرمانے کے بعد بالکل بھول جاتے ہوں کہ کیا فرمایا تھا۔

ڈاکٹر جانسن فرماتے ہیں کہ "جو شخص صبح دیر سے اٹھتا ہے وہ زندگی بھر کوئی معرکے کا کام نہیں کر سکتا!"

حالانکہ ڈاکٹر جانسن خود زندگی بھر علی الصبح نہیں اٹھے، ہمیشہ دیر سے اٹھتے تھے۔

لیکن کبھی فرصت میں آرام کرسی پر لیٹ کر مطالعہ کر رہے ہوں اور کوئی مقولہ سامنے آجائے کہ فلاں صاحب یوں فرماتے ہیں۔ تو تھوڑی دیر کے لئے تو سرور آجاتا ہے۔ سر جھومنے لگتا ہے، اسی وقت ایک بوجھل سی قسم کھاتے ہیں کہ آئندہ اس پر ضرور عمل کریں گے۔

واللہ! کیا بات ہے۔ خوب فرمایا ہے صاحب!

تکیہ کلام

تکیہ کلام نہایت مفید چیز ہے۔ اور سچ مچ گفتگو کا تکیہ ہے، یعنی باتیں کرنیوالا جب چاہے اس کا سہارا لے سکتا ہے۔

ہمیں وہ تکیہ کلام پسند نہیں جسکی عادت پڑ جائے اور جس پر قابو نہ رہے۔ کیونکہ جو چیز بے قابو ہو جائے اس میں آرٹ نہیں رہتا۔ ہمارے خیال میں قابلِ تعریف وہی تکیہ کلام ہے جو ضرورت کے مطابق اختیار کیا گیا ہو۔ وہ ہمیشہ آڑے آتا ہے۔

یہ ہماری انتہائی ناتجربہ کاری ہے کہ گفتگو کی ابتدا میں ہم ان دونوں میں بالکل تمیز نہیں کر سکتے۔ یہاں تک کہ بعض اوقات تو ہم گفتگو میں کسی تکیہ کلام کی موجودگی تک نہیں پہچان سکتے اور اس قسم کے حادثے اکثر ہوتے رہتے ہیں۔

ایک صاحب کشمیر کا ذکر کر رہے ہیں ——

"جب میں کیا نام وہاں گیا، تو تقریباً تقریباً سب قابل دید مقامات کی کیا نام سیر کی۔ اور وہ جھیل کیا نام بھی دیکھی، وہ جو مشہور کیا نام جھیل ہے نا؟"

"ڈل ہے اس کا نام" ہم لقمہ دیتے ہیں۔

"ہاں کیا نام ڈل جھیل بھی دیکھی۔ سری نگر میں نشاط اور شالامار باغ بھی کیا نام دیکھے۔ اور وہ کیا نام چشمہ بھی دیکھا۔ خوب ہے وہ چشمہ کیا نام ــــ"!

"جی شاہی چشمہ ہے اس کا نام۔"

"تو کیا نام شاہی چشمہ بھی دیکھا!"

اسی طرح گفتگو ہوتی رہتی ہے۔ اور بہت دیر میں ہمیں پتہ چلتا ہے کہ 'کیا نام' تو ان کا تکیہ کلام ہے۔ اپنی کم فہمی پر افسوس ہوتا ہے۔

ایک اور صاحب ہمیں اپنے گھر کے پالیٹکس سنا رہے ہیں ــــ

"میں نے کہا عجب مصیبت میں گرفتار ہوں۔ نہ صرف آدمی بیمار ہیں بلکہ میں نے کہا جانور تک علیل ہیں۔ کچھ سمجھ میں نہیں آتا کہ کیا کروں۔ آج صبح جب حکیم صاحب آئے میں نے کہا۔"

"کیا کہا آپ نے ــــ حکیم صاحب سے؟" ہم انتہائی معصومیت سے پوچھتے ہیں۔

"میں نے کہا حکیم صاحب سے یہ کہا کہ آپ بھی ہمارے ہاں کی بیگار سے تنگ آ گئے ہوں گے۔ وہ بولے یوں مت کہیئے، میں تو آپ کا غلام ہوں میں نے کہا۔"

"کس نے کہا؟ حکیم صاحب نے یا آپ نے؟"

"حکیم صاحب نے میں نے کہا ــــ اس کے بعد وہ پوچھنے لگے کہ دوائیوں پر کس قدر خرچ آ چکا ہے، میں نے کہا۔؟"

"آپ نے کیا کہا؟"

بعض اوقات تو گھنٹوں باتیں ہوتی رہتی ہیں اور ہمیں تکیہ کلام کا پتہ نہیں چلتا۔ کئی حضرات ہم سے محض [illegible] خفا ہو گئے ہیں۔ ان کا خیال تھا کہ ہم انکے تکیہ کلام کا مذاق اڑا رہے ہیں۔

لیکن کئی اصحاب ایسے ہیں جو تکیہ کلام یوں پکڑ لیتے ہیں جیسے کوئی اعلیٰ درجے کا وکٹ کیپر شپ سے کیچ پکڑ لے۔

ہمیں ایسے اصحاب پر بہت رشک آتا ہے۔

ہم ایک صاحب سے ملنے جاتے ہیں۔ وہ حجامت کر رہے ہیں۔ میز پر تازہ اخبار پڑا ہے۔ ارشاد ہوتا ہے کہ پرچے سے تازہ خبریں پڑھ کر سناؤ۔

ہم اخبار پڑھنا شروع کرتے ہیں لیکن وہ اپنی حجامت میں اس قدر مشغول ہیں کہ ہم طویل سے طویل قسم کھا کر کہہ سکتے ہیں کہ وہ ایک لفظ نہیں سن رہے۔

غالباً انہیں یہ ڈر تھا کہ انہیں یوں مصروف دیکھ کر کہیں ہم چلے نہ جائیں۔ چنانچہ وہ ایسا انتظام کرتے ہیں کہ ہم بھی بیکار نہ بیٹھیں اور وہ بھی اپنی حجامت کے مراحل بآسانی طے کر لیں۔ بس کبھی کبھار وہ ہمیں ایک "اچھا" سے سرفراز فرما دیتے ہیں۔

ہم ایک خبر پڑھتے ہیں ـــــ "ایک بیکار نوجوان نے ملازمت مل جانے کی خوشی

سے بے تاب ہو کر خودکشی کر لی۔ اس خبر سے شہر میں سنسنی پھیل گئی ہے مزید اطلاعات کا انتظار ہے۔ پولیس تفتیش کر رہی ہے۔"

"اچھا آ آ" وہ برش سے جھاگ بناتے ہوئے فرماتے ہیں۔

"دریائے گمر بدا میں سخت طوفان۔ ہزاروں آدمی چلو بھر پانی میں ڈوب کر مر گئے۔ فصلوں کو سخت نقصان پہنچا ہے۔ ہمیں امید کامل ہے کہ اس سال نہیں تو اگلے سال اس علاقے میں ضرور قحط پڑے گا۔ اس خبر سے کاروباری دنیا میں کھلبلی مچ گئی ہے۔ گیہوں کا نرخ دن بدن گرتا جا رہا ہے۔ ڈر ہے کہ کہیں بالکل ہی نہ گر پڑے۔"

"اچھا" وہ بلیڈ تیز کرتے ہوئے کہتے ہیں۔

"جزائر شرق الہند کے مشہور لیڈر کی جوشیلی تقریر۔ جس نے باشندوں کو غیرت دلاتے ہوئے کہا کہ اگر تم میں حب الوطنی کا ذرا بھی مادہ ہے، اگر تم اپنے ملک کو سچ مچ چاہتے ہو اور اسے دیگر ممالک کے دوش بدوش دیکھنا چاہتے ہو تو نوجوانو دیکھتے کیا ہو، اس سال لانگ جمپ میں دنیا کا ریکارڈ توڑ کر دکھا دو۔"

"اچھ ——— چھا!"

"قطب شمالی میں سردی کی لہر دوڑ گئی۔ وہاں اس قدر سردی پڑ رہی ہے کہ ہزاروں وہیل مچھلیاں اور لاکھوں برفانی ریچھ منجمد ہو کر برف کے تودے بن گئے۔ اسکیمو موسم کے اس تغیر پر خوشیاں منا رہے ہیں۔"

"اچھ ——— آہا ہا ہا؟"

غرضیکہ ہم آدھ گھنٹے تک خبریں سناتے رہتے ہیں۔ حتیٰ کہ خبریں ختم ہو جاتی ہیں اور اشتہار تک سنانے پڑتے ہیں۔ اُدھر وہ تھوڑی دیر کے بعد 'اچھا' کہہ دیتے ہیں۔ یہ اچھا ہر مرتبہ ایک نئے انداز سے کہا جاتا ہے۔ کبھی گھبرا کر، کبھی بزرگانہ شفقت کے ساتھ، کبھی طفلانہ معصومیت کے ساتھ، کبھی انتہائی لاپرواہی سے۔

تب ہمیں یقین ہو جاتا ہے کہ 'اچھا' ان کا تکیہ کلام ہے اور اگر نہیں ہے اور محض ہمارے لیے تکیہ کلام بنایا گیا ہے تو ہم ان کے مذاق کی داد دیتے ہیں۔

ایک بہت بڑے شکاری کے اعزاز میں بہت بڑی پارٹی ہوئی۔ شکاری صاحب اس قدر باتونی تھے کہ عشا کی اذان سے پہلے اپنی داستان شروع کرتے اور صبح کی اذان سن کر ختم کیا کرتے۔ کھانے کے بعد انھوں نے شیر کے شکار سے بسم اللہ کی۔

بولے ”رات کے کوئی دو بجے ہوں گے۔ اندھیرا گھپ، ہُو کا عالم۔ ایسے گھنے جنگل کی ایسی بھیانک رات۔ میں مچان پر بیٹھا شیر کا منتظر تھا۔ ایسے ماحول میں کس قسم کے خیالات آتے ہوں گے، یہ شاید آپ اندازہ نہیں لگا سکتے کیونکہ ——“

”پھر کیا ہوا؟“ ایک بزرگ جو بالکل ان کے سامنے بیٹھے ہوئے تھے بولے۔

”ذرا سی آہٹ پر میں چونک پڑتا۔ پتہ کھڑکتا تو میرا دل دھڑکنے لگتا۔ آسمان پر سیاہ گھٹا تُلی کھڑی تھی۔ جس نے ستاروں کی مدہم سی روشنی بھی چھین لی تھی۔ وہ ایک

ایسی ڈراؤنی رات تھی کہ میں کیا بتاؤں۔!"

"بہت خوب، تو پھر کیا ہوا؟" انہی بزرگ نے پوچھا۔

"اتنے میں ایک عجیب سا شور سنائی دیا جیسے جنگل کا جنگل جاگ اٹھا ہو۔ پرندے چہچہانے لگے، درندے اپنی بولیاں بولنے لگے، غرضیکہ طوفان سا آگیا۔"

"پھر کیا ہوا؟"

اس مرتبہ شکاری نے بہت برا منہ بنایا۔

"اتنے میں ایک زبردست گرج سنائی دی جیسے ہزاروں توپیں یک لخت چل جائیں حضرات کبھی جنگل میں شیر کی گرج آپ نے نہیں سُنی۔ چڑیا گھر کے شیر کی گرج سُنی ہو گی۔ اس کی گرج اصلی شیر کے مقابلے میں بلّی کی میاؤں میاؤں سے زیادہ نہیں۔ وہ گرج تو اس قدر ہیبت ناک ہوتی ہے کہ ـــــ"

"پھر کیا ہوا؟"

"شیر نزدیک آگیا۔ اندھیرے میں اس کی آنکھیں یوں روشن تھیں جیسے بجلی کے قمقمے۔ میں شش و پنج میں پڑ گیا کہ فائر کروں یا نہ کروں ـــــ"

"اچھا؟ تو پھر کیا ہوا؟"

شکاری صاحب کا چہرہ سرخ ہوتا جا رہا تھا۔

"میں نے شست لی اور گھوڑا دبا دیا، لیکن کچھ نہ ہوا۔ دفعتہً مجھے یاد آیا کہ بندوق تو خالی ہے۔ کارتوس تھیلے میں بند تھے اور تھیلا درخت کے نیچے گھاس پر

پڑا تھا۔ کچھ دیر تو سوچتا رہا کہ کیا کروں اور کیا نہ کروں، آخر جان پر کھیل کر نیچے اترنے لگا۔ شیر نے میری طرف دیکھا، حضرات! ذرا دماغی تصویر تو بنائیے ـــــ "

"بنالی! ـــ پھر کیا ہوا؟"

"پھر یہ ہوا۔" شکاری صاحب جھلّا کر بولے "کہ دو کارتوس میری جیب میں بھی پڑے ہوئے تھے۔ جلدی سے نکال کر بندوق میں بھرے اور فائر کیا۔ گولی شیر کی پیشانی پر لگی۔"

"یعنی شیر مر گیا۔ پھر کیا ہوا؟"

"پھر کیا ہوا ـــ" شکاری صاحب اپنے بالوں کو نوچتے ہوئے اٹھ کھڑے ہوئے۔ شاید یہ کہنا چاہتے تھے کہ پھر میرا سر ہوا۔

وہی شکاری صاحب جن کے متعلق ایسی ایسی افواہیں پھیلی ہوئی تھیں اور جن کے اعزاز میں لوگ رتجگا منانے کی تیاریاں کر رہے تھے "پھر کیا ہوا؟" کے تکیہ کلام سے پانچ منٹ میں ہتھیار ڈال کر بھاگ گئے۔

ایک دفعہ ہم ایک بزرگ کے پاس بیٹھے کرکٹ کے سلسلے میں اپنے معرکے بیان کر رہے تھے۔

"ایک کھلاڑی اس بری طرح جما ہوا تھا کہ کمبخت آؤٹ ہونے کا نام ہی نہ لیتا

تھا۔ جب اس کا سکور کافی ہو گیا تو مجھے گیند ملی ۔۔ اور کوئی ہوتا تو گھبراتا لیکن میں نے نہ جانے کتنے ایسے موقعے دیکھے ہیں۔ لمبا سٹارٹ لے کر چلا۔ نہایت ہی تیز آف بریک پھینکی، شوں سے گیند گئی اور جناب کی وکٹیں غائب تھیں۔"

"ہاں! ہو سکتا ہے۔" بولے

"اس کے بعد آف بریک سے میں نے تین کھلاڑی اور نکالے۔ حالانکہ وہ بہترین بیٹسمین تھے۔ ذرا غور کیجیے۔"

"ہو سکتا ہے۔"

"جی نہیں، یہ سچ مچ ہوا تھا۔ اخباروں میں بھی چھپا تھا۔ آپ کہیں تو میں لا کر دکھا دوں۔ اب ہماری باری آئی۔ شام کا وقت تھا اور کھیلنے کے لیے صرف آدھ یا پون گھنٹہ باقی تھا۔ کپتان نے سوچا کہ وکٹ خراب ہے اچھے کھلاڑی بھیجے تو کہیں اُڑ نہ جائیں۔ اس نے مجھے اور میرے ایک دوست کو بھیج دیا۔"

"ہو سکتا ہے۔"

"ویسے ہم دونوں آخر میں جایا کرتے تھے۔ ہم نے بڑی شان سے اننگز شروع کی۔ بڑے مزے سے کھیلے اور شام تک آؤٹ نہیں ہوئے!"

"خیر ہو سکتا ہے۔"

"جی نہیں! حقیقت ہے۔ اگلے روز تو ہم خوب کھیلے اور وہ ہٹیں لگائیں کہ بس مزا آ گیا۔ میں نے لنچ تک اسی سکور کر لیا۔"

"ہاں ہو سکتا ہے۔"

"آپ یقین کیجئے، پنچ کے بعد میں نے اور بھی سکور کیا۔!"

"کیا ہو گا — ہو سکتا ہے۔" وہ بولے۔

اور موضوع تبدیل ہو گیا۔

وہ بزرگ یا تو نجومی تھے یا پہنچے ہوئے تھے، جو انھوں نے ہماری کسی بات کا بھی یقین نہ کیا۔ ہم جھوٹ بول رہے تھے یا سچ، یہ ہم ہی جانتے ہیں۔ بہرحال ان کا تکیہ کلام خوب تھا۔

کبھی کبھی اس قسم کی گفتگو بھی سننے میں آتی ہے —

ایک مولانا سینما پر تنقید کر رہے ہے۔ فرماتے ہیں ————

"مجھے یہ شیطانی کارخانہ بالکل پسند نہیں۔ تصویریں حرکت کرتی ہیں۔ نعوذ باللہ! تصویروں کو اس قدر پسند کرتے ہو اور دوسروں کو بھی ترغیب دیتے ہو۔ لاحول ولا قوۃ الا باللہ! یہ بُت پرستی نہیں تو اور کیا ہے؟"

"لیکن اخلاقی اور مذہبی فلمیں بھی تو ہوتی ہیں۔"

"اگر اخلاقی اور مذہبی ہوں تو سبحان اللہ، بلکہ جزاک اللہ۔ یقین مانو کہ حاشا وکلا میں ایسی فلموں کے خلاف نہیں ہوں۔ اگر فلمیں مفید سبق سکھلائیں تو بسم اللہ، اگر

دلوں کو نور اور پاکیزگی سے بھر دیں تو الحمد للہ۔"

"تو آج کی فلم کیسی تھی؟"

"میں ماشاءاللہ خود قدامت پسند نہیں، لیکن آج کی فلم تو ایسی تھی کہ بس انا للہ!"

غرضیکہ جب تک بحث ہوتی رہے گی یہ الفاظ اتنی تیزی سے بار بار آئیں گے کہ اصلی تکیہ کلام دریافت کرنا مشکل ہو جاتا ہے اور یوں معلوم ہوتا ہے کہ ان مولانا کا کوئی خاص تکیہ کلام نہیں ہے بلکہ سب کچھ ملا کر پورا البتہ کلام ہے۔

ہمارے ایک دوست نے ایک مسخرے ایکٹر کا قصہ سنایا جو سٹیج پر چھوٹے چھوٹے ایکٹ کرتا تھا اور لوگوں کو ہنسا ہنسا کر بے حال کر دیتا تھا۔

وہ تین فقروں کو باری باری بطورِ تکیہ کلام استعمال کرتا۔

وہ فقرے یہ تھے:-

"کیا آپ واقعی سنجیدہ ہیں؟"

"ناراض مت ہوئیے۔"

"آپ تو مذاق پہ اُتر آئے۔"

ایک سین میں ایک بگھی دکھائی جاتی ہے۔ بگھی رکتی ہے اور آپ باہر تشریف لاتے ہیں۔ کوچبان کو کرایہ دیتے ہیں۔ کوچبان کہتا ہے کرایہ تھوڑا ہے اور جھگڑا شروع

ہو جاتا ہے۔

"کرایہ پورا دیجئے۔" کوچبان کہتا ہے۔

"کیا آپ واقعی سنجیدہ ہیں؟" یہ پوچھتے ہیں۔

"سنجیدہ نہیں تو کیا مذاق کر رہا ہوں۔ دن بھر آپ کو لیئے لیئے پھرا ہوں اور اب آپ آدھے کرائے پر ٹالنا چاہتے ہیں۔"

"ناراض مت ہوئیے۔"

"میں ناراض نہیں ہوں، اپنا کرایہ مانگتا ہوں۔ اپنا پورا کرایہ — سمجھے آپ؟"

"آپ تو مذاق پر اُتر آئے۔"

"میں مذاق وذاق کچھ نہیں جانتا۔ کہتا ہوں کہ آپ براہِ کرم میرا پورا کرایہ۔"!

"کیا آپ واقعی سنجیدہ ہیں؟"

"اس میں کوئی شک ہے (زور سے) اگر دن بھر دھکے کھا کر بھی سنجیدہ نہ ہوا تو کب ہوں گا؟"

"ناراض مت ہوئیے۔"

"میں ناراض نہیں ہوں یقین کیجئے کہ آپ سچ مچ نصف کرایہ دے رہے ہیں۔ اتنا ہی کرایہ اور عنایت فرمائیے۔"

"آپ تو مذاق پر اتر آئے۔"

"یہ مذاق ہے — غضب خدا کا — (چلا کر) پورا کرایہ مانگنا مذاق ہے؟ اپنی

مزدوری مانگنا مذاق ہے؟"

"کیا آپ واقعی سنجیدہ ہیں؟"

"ہاں سنجیدہ ہوں! بالکل سنجیدہ ہوں (چنگھاڑ کر) سو فیصدی سنجیدہ ہوں۔ میں کہتا ہوں اگر آپ ـــــ"

"ناراض مت ہوئیے۔"

"خدایا! (دھاڑتے ہوئے) سمجھ میں نہیں آتا کیا کروں؟ میں ہرگز ناراض نہیں نہیں ہوں۔ ناراض کون گدھا ہوتا ہے۔ فقط آپ اتنے ہی دام اور دیدیجئے اور میں یہاں سے فوراً دفعہ ہو جاؤں گا۔"

"آپ تو مذاق پر اتر آئے۔"

اور کوچبان اپنے بال نوچتا، اپنی قسمت کو کوستا ہوا چلا جاتا ہے۔

دوسرے سین میں دکھایا جاتا ہے کہ چند حضرات بیٹھے سیاسیات پر بحث کر رہے ہیں۔ آپ بھی تشریف فرما ہیں۔ ایک صاحب گلیڈسٹون کا مقابلہ ڈسرائیلی سے کرتے ہیں۔ اور ڈسرائیلی کی تعریفیں کرنے لگتے ہیں۔ بحث گرم ہوتی جاتی ہے۔ جب کھولنے لگتی ہے تو آپ بیچ میں کود پڑتے ہیں اور ڈسرائیلی کے حمایتی سے اُلجھ جاتے ہیں۔ حمایتی فرماتے ہیں ـــ "آپ ڈسرائیلی کا گلیڈسٹون سے مقابلہ کرتے ہیں؟ گی

یہ کجا وہ، صاحب کوئی مقابلہ ہی نہیں۔"

"کیا آپ واقعی سنجیدہ ہیں؟" یہ پوچھتے ہیں۔

"جی ہاں! یقیناً! معلوم ہوتا ہے کہ آپ نے تاریخ کا بغور مطالعہ نہیں کیا۔ اگر یہ بات ہے تو آپ سے بحث کرنا فضول ہے۔"

"ناراض مت ہوئیے۔"

"اگر آپ کو تاریخ یاد ہوتی تو آپ ڈسرائیلی جیسے بیدار مغز، روشن دماغ، ذہین الطبع، کہنہ مشق ــــ"

"آپ تو مذاق پر اُتر آئے۔"

"چہ خوب! آپ اسے مذاق سمجھتے ہیں۔ میں کہتا ہوں کہ آج تک ڈسرائیلی جیسا دور اندیش اور تجربہ کار سیاستدان پیدا نہیں ہوا۔"

"کیا آپ واقعی سنجیدہ ہیں؟"

"سنجیدہ نہیں تو اور کیا ہوں؟ کیا میرے بولنے میں نقص ہے یا خدانخواستہ آپ کی سماعت میں خلل ہے؟"

"ناراض مت ہوئیے۔"

"ناراض کون ہوتا ہے؟ میں جو کہتا ہوں اسے آپ سنتے بھی ہیں۔ کیا آپ نے مجھے احمق سمجھ رکھا ہے؟"

"آپ تو مذاق پر اُتر آئے۔"

"یہ مذاق کی بھی ایک ہی رہی۔ عجیب تماشہ ہے۔ مذاق کون نالائق کر رہا ہے؟ میں تو صرف یہ کہنا چاہتا ہوں کہ ڈسرائیلی جیسا عالی دماغ، جہاندیدہ، ذہین، ہر دلعزیز۔۔۔!"

"کیا آپ واقعی سنجیدہ ہیں؟"

اسی طرح گفتگو جاری رہتی ہے۔ آس پاس بیٹھے ہوئے حضرات مسکرانے لگتے ہیں اور آخر میں ہنس پڑتے ہیں۔ اور بحث ختم ہو جاتی ہے۔

ہمارا خیال تھا کہ یہ تماشا صرف سٹیج پر ہی ہو سکتا ہے لیکن فوراً ہی ہم نے اسے عام زندگی میں ہوتے ہوئے بھی دیکھ لیا۔

ہمارے ایک دوست کو گھنٹوں ایک بزرگ کے پاس بیٹھنا پڑتا تھا۔ ہمارے دوست کسی امتحان کی تیاری میں مشغول تھے ادھر وہ بزرگ مشکل سے مشکل موضوع تلاش کر کے اس پر گفتگو کیا کرتے ـــــــ ہمارے دوست کو مجبوراً شامل ہونا پڑتا تھا ورنہ بزرگ خفا ہو جاتے اور ان کی خفگی ہمارے دوست کے لیے امتحان میں فیل ہو جانے سے زیادہ خطرناک تھی۔

ایک دن ہم نے دیکھا کہ بزرگ نظامِ شمسی پر گفتگو کر رہے ہیں اور ہمارے دوست آڑ لیئے ایک چھوٹی سی کاپی کھولے بیٹھے ہیں۔ کبھی کبھار بزرگ کی طرف دیکھ کر مسکرا دیتے ہیں اور پھر گود میں رکھی ہوئی کاپی کو پڑھنے لگتے ہیں۔ اور ساتھ ساتھ یہ الفاظ بطور تکیہ کلام استعمال کر رہے ہیں:۔

"جی!"

"کمال ہے !"

"اچھا ؟"

بزرگ دُمدار ستاروں کے متعلق کچھ فرما رہے ہیں اور ہمارے دوست بار بار کہتے ہیں۔ "جی ؟ یعنی" جی" سے گویا ان کے فقروں میں فل سٹاپ لگاتے جاتے ہیں۔ جب کسی سائنس دان کے تجربوں کا ذکر ہوتا ہے تو یہ "جی" کے ساتھ "کمال ہے" کا استعمال شروع کر دیتے ہیں۔ اس کے بعد بزرگ اپنی ریسرچ سنانے لگتے ہیں جس پر "کمال ہے" اور "اچھا ؟" شروع ہو جاتا ہے۔

ان الفاظ سے وہ اُن بزرگ کو صاف ٹرخا جاتے ہیں اور ان سے اتنے قریب رہ کر بھی اتنی دور رہتے ہیں۔

ہمیں صرف وہ تکیہ کلام ناگوار معلوم ہوتا ہے جو کانوں کو ناگوار معلوم ہو۔ مثلاً کئی حضرات کا تکیہ کلام 'کمبخت' یا 'گدھا' یا 'اُلو' ہوتا ہے۔ بعض حضرات تو اس سے تجاوز کر کے گالیوں تک جا پہنچتے ہیں۔

ایسے حضرات کا علاج ہم بتائیں۔ فرض کیجئے کہ اُن کا تکیہ کلام ہے 'کمبخت'۔ وہ آپ سے باتیں کر رہے ہیں فرماتے ہیں "یہ کمبخت نوکر کہاں جا مرا دن بدن بگڑتا جا رہا ہے۔ کمبخت۔ اور یہ گھر والے کمبخت بھی ایسے کمبخت ہیں کہ نوکروں کو بالکل ڈھیل دے رکھی

ہے کہ جو چاہیں کریں۔ کیا بجا ہوگا اس وقت؟ یہ کمبخت گھڑی بھی بند ہے۔"

آپ جواب دیجیے: "مجھے افسوس ہے کہ کمبخت میری گھڑی ایک بدبخت گھڑی ساز کے ہاں عرصے سے پڑی ہے لیکن میں نے ابھی ابھی ایک کمبخت گھڑیال کی کمبخت آواز سنی تھی۔ شاید کمبخت ڈاکخانے کا بدبخت گھڑیال تھا۔ کمبخت چار بجے تھے۔"

اس کے بعد وہ یقیناً محتاط ہو جائیں گے۔ اور اگر آپ نے کئی مرتبہ اسی طرح انکا تعاقب کیا تو شاید ان کا تکیہ کلام بدل جائے۔

بہرحال اس میں کوئی شک نہیں کہ تکیہ کلام نہایت مفید چیز ہے اور ہمیشہ آڑے آتی ہے۔

لیکن یہ احتیاط رہے کہ کہیں اس کی عادت نہ پڑ جائے۔

منتخب مزاحیہ مضامین کا ایک اور مجموعہ

ایک دفعہ کا ذکر ہے

مصنف : شفیق الرحمٰن

بین الاقوامی ایڈیشن جلد منظر عام پر آرہا ہے

www.ingramcontent.com/pod-product-compliance
Lightning Source LLC
LaVergne TN
LVHW010812051026
849532LV00007B/2520